心をひらき、力を引き出す問いかけ

子どもの可能性を伸ばす言葉、つみとる言葉

Question that open Children's minds, and draw out their power

岸英光
Hidemitsu Kishi

PHP

はじめに

子どもにのびのび育ってほしいと
願っているのに、イライラして、
ついどなってしまうことはありませんか。
子どもが思うようにならなくて、
つらいと思うことはありませんか。

子どもに毎日接しているお母さん、お父さんなら
誰にもあることでしょう。
そんなとき、ちょっとひと呼吸して、
子どもへの声かけを変えてみませんか。

子どもに寄り添い、声かけを変えると、
子どもが見違えるようにイキイキと輝き出します。
力がぐんぐん伸びてきます。

この本では、子どもへの声かけを、
お母さんお父さんと一緒に考えていきます。
がんばりすぎず、少しずつ
参考にしてみてください。

岸　英光

子どもの可能性を伸ばす言葉、つみとる言葉

目次

第3章　子どもを伸ばす声かけ10の心得

第1章

伸びる芽をつんでいませんか？

「思い込み」で声かけしていませんか？

子育てがつらいというお母さんが増えている

初めてお子さんと出会えたときのことを、あなたは覚えていますか。小さな身体(からだ)で力いっぱい泣いているわが子を見て、どんな気持ちだったでしょうか。

その子がただそこにいるだけで幸せを感じ、元気に育ってくれることだけを、願われたのではないでしょうか。

今、子育てが苦しい、つらいと感じるお母さんが増えています。

子どもに幸せに育ってほしい、のびのび育ってほしいと思っているのに、気がつくと毎日どなってばかり。ああしなさい、こうしなさいと注意するだけで、一日が終わってしまう。毎日精いっぱいやっているのに、子どもはだんだん言うことをきかなくなる。育児書に書いてあるとおりにしているのに、うちの子はできない。

こんなはずじゃなかった……。

子どもを愛している気持ちは変わらないのに、なぜ子どもと一緒にいるのがつらくなってしまったのでしょうか。

どうして子どもにあなたの気持ちが伝わらないのでしょうか。

子どもとまっすぐに向き合い、子どもの気持ちを受け取り、自分の気持ちを伝える。言葉にするとこんなに簡単なことを、私たちはとても難しくしてしまっています。

その大きな原因になっているのが、思い込みや先入観といった「価値観の枠組み」です。

「価値観の枠組み」って何？

「価値観」とは、私たちがふだんものごとを判断する基準にしている、フィルターのようなものです。自分で決めたり、とくに意識しているわけでもないのに、〝それ〟に基(もと)づいて自然にそう感じたり、考えたり、行動してしまっている。これが「価値観の枠組み」がはまっている状態です。

たとえば、私たちは食事のあとに歯を磨きます。子どもにも、歯を磨かせようとします。しかし、世界中には、食事のときに歯を磨く習慣がない人たちもたくさんいます。「食事のあとに歯を磨く」というのは、日本人の持っている価値観の枠組みなのです。

このように、私たちは無意識に生まれ育った環境や家族の価値観に影響されています。子どもの頃は親の価値観をそのまま受け継いでいますが、成長すると自分自身が体験したことや、学校、友だちからの影響で価値観が変わっていきます。テレビや雑誌の情報も、気がつかないうちに価値観に影響していきます。

価値観の枠組みは、誰にでもあります。なるべく枠がなければいい、ということではありません。

ただ、**自分が持っている価値観がどういうものか知らないでいると、無意識に子どもに枠をはめてしまったり、限界を作ってしまう可能性がある**のです。

やる気があればできる？　なければできないの？

この思い込みの枠はやっかいで、自分ではそれが思い込みであることには、なかなか気がつきません。誰もが常識だと思っていることや、当たり前だとされているものも、思い込みだったりするからです。

子どもをやる気にさせるにはこうしましょう、自信を持たせるにはああしましょう。

やる気や自信が身につけば、子どもはできるという、考え方があります。確かに、やる気や自信があったら、できて当たり前です。

やる気があればできるはず、自信があればできるはず。私たちは日頃、こんな期待から子どもに声をかけ続けてしまいます。「やる」という気持ちにさえなれば、子どもは結果を出してくれるという思い込みの枠があるからです。

行きたくない日も、会社に行く

「やる」という気持ちになれば、行動が起きる。これは本当でしょうか。本当に人は「やる気にならないとできない」のでしょうか。

お勤めしている方は、毎朝やる気で会社へ行っているでしょうか。月曜日の朝、起きるのがつらくて会社を休みたくなっても、ちゃんと会社へ行って仕事をされているのではないでしょうか。

ここにぜひ気づいてください。私たちは、ときには行きたくなくても会社へ行って、起きたくないのに、朝起きているのです。やる気がない日にいちいち会社を休んでいたら、クビになってしまいます。

このように、ふだん私たちはやる気がなくても行動できています。思い込みの枠がはまっていると、目の前のことが見えなくなってしまうのです。

やる気や自信はあってもいいのですが、「あればできる」というのは思い込みです。やる気や自信がプラスに働いて、ぐんぐん伸びる子もいます。ただ、やる気や自信はありすぎても空回りします。自分を過信して、日頃の勉強や練習をしなくなってしまうこともあるからです。

「やる気があればできる」という価値観は、学校や塾、そしてテレビや育児書の中でも繰り返し伝えられています。**その結果、「やる気」と「行動」が強く結びつき過ぎてしまって、逆にやる気がないと行動できない子どもたちが増えています。**

やる気がなくても人は動けますし、自信は何かをやりとげたとき、うまくいったときにあとから自然とわき上がってくるものです。自信は先になくてもいいのです。

うちの子は何をやってもだめ、と親が思い込むと……

「女の子（男の子）だから、できなくても」
「この子は何をやらせてもだめ」
「うちの子は何をやってもだめ」
「この子は男の子だから、料理はできなくてもいい」

「女の子だから、算数ができなくてもいい」

私たちは無意識に、いろいろな枠を子どもにはめています。この枠の元になっているのが、親の思い込み（価値観）です。

うちの子は何をやってもだめ、という思い込みから子どもに声をかけ続ければ、子どもにも、自分は何をやってもだめだという枠がはまります。

簡単にできることでも、どうせ無理だとしてしまい、新しいことや、初めてのことへチャレンジするのを避けるようになります。そうすると、親の価値観は無意識のうちに「この子はやっぱり何をやってもだめ」と書きかわり、「どうせこの子は何をやってもできない子」として、子どもを扱い続けることになるのです。

さらに、**できないからつい手が出て、先回りして子どもを助けてしまう。これが習慣になると、その子は親と一緒でなければ、行動ができない子になってしまいます。**

子どもが親を越えなくなっている？

実は今、子どもたちが親を越えなくなっています。**なんでも親に先回りしてやってもらってきた子、一緒にやってもらった子は、自分で新しい行動を起こすことに、不安を覚えるのです。**

子どもが小さいときは、確かに親は手助けをしてやる必要があります。しかし、やがて大きくなり、社会に出れば、誰も知り合いのいないところで新しい人と出会い、そこから人間関係を結ばなければなりません。

そこで出会う相手は、自分と同じ価値観を持っているとは限りません。これからはどんどん価値観が多様になっていきますから、まったく理解できないようなタイプの人にも、出会うかもしれません。

いつも手助けしてもらっていた子は一歩を踏み出せない大人に……

今、社会はより複雑で難しくなり、すごいスピードで変化しています。まったく未知の世界に、これからの子どもたちは対応していかなければならないのです。

今まで体験したことがない、まったく新しいことに取り組むとき、いつも親に手助けしてもらっていた子は、怖くて一歩を踏み出せなくなってしまいます。

親は自分のやり方でしか、子どもを手助けできません。親の価値観は子どもにうつりますから、その子はあなたが経験したことがないこと、あなたができないことは、やれなくなってしまう可能性があります。親の限界が、子どもの限界になるのです。

否定的な価値観から声をかけられると否定されていると思ってしまう

もし親が「**この子はひとりでものごとをやりとげる力がある**」という価値観に立って、**子どもを信頼し、ひとりでものごとに取り組む機会をつくっていれば、子どもは自分の力や可能性に気づくことができます**。

そして、自分の可能性を信じて、新しいことやより大きなことに挑戦していけるようになります。

しかし、親が否定的な価値観を持ち、自分でも気がつかずに否定的な声かけをしてしまったりすると、子どもは親に行動を止められたり、どこか否定されているように受け取ります。そして、否定的な言葉から、自分が親に愛されていると感じることが、できなくなってしまうのです。

否定的な価値観や、偏（かたよ）**った思い込みの枠から自由になって、ありのままの子どもを見つめ、否定せず力づける声かけができれば、子どもも親の思い込みから自由になります。**

誤った思い込みから自由になるヒントは、第3章で詳しくお伝えします。

あなたの「声かけ」大丈夫？
～子どもの力を奪う声かけ～

あなたの声かけが子どもの未来を創る

子どもが生まれて初めて出会う大人が、自分の親です。言葉や生活習慣、マナーやルールも、子どもは親を通じて学んでいきます。

あなたはふだん、子どもにどんな声かけをしていますか。そして、子どもはそれにどう答えていますか。

ここではあまり望ましくない声かけについて、取り上げていきます。第２章でも具体例を紹介しますが、この声かけをしたからといって、絶対子どもがこうなる、ということではありません。続けるとこうなる可能性もありますよ、ということです。

子どもは親から言葉を学びますが、**言葉と一緒に親のコミュニケーションのパター**

ンも学びます。親の声の調子や、表情、話し方、態度、そして親の価値観まで、スポンジのように吸収していきます。

あなたの声かけが、子どもの未来を創っていきます。**ぜひ、子どもの芽をつみとる声かけではなく、輝かせる声かけをしていきましょう。**

子どもが犬を見て固まってしまった。こんなとき？

あなたが子どもと歩いているとき、道ばたで犬に出会ったとします。その犬は別に凶暴そうでも、危険そうでもありません。あなたは大丈夫だと思ってそのまま通り過ぎようとしましたが、子どもは犬を見て固まって動かない。

こんなとき、あなたなら子どもに何と声をかけるでしょうか。

「怖くないよ」

「大丈夫。怖くないから」

「怖いの？」

などと声をかける人は多いと思います。

しかし、このように限定してきいてしまうと、子どもはほかの理由で固まっていたのかもしれないのに、怖いかどうかしか答えられません。そして、怖さを感じていいなくても、怖さを意識しはじめてしまいます。
もしあなたが、「頭の中に何か動物を想い描いてください。ただし、ピンクの象だけは絶対想像しないでください」と言われたら、頭の中にどんな絵が浮かびますか。
想像してはいけないはずのピンクの象が、真っ先に浮かんできませんか。
同じように、犬のことを本当は怖くなかったとしても、子どもは怖いと思ったように感じてしまうのです。そして、「うん」「怖いの」と答えてしまい、そこに怖さを感じてかえって動けなくなってしまいます。

「お母さんがついているから大丈夫」は危険

子どもから「怖い」という言葉が出てきたら、私たちはまた、そこで何とかしようと動いてしまいます。
「怖くないよ、お母さんがついているから大丈夫。一緒に行こう」
こんな声かけをして、子どもの手をひいて行こうとされるお母さんもいらっしゃいます。
しかし、これはとても危険なことです。先ほどもお伝えしましたが、**親と一緒ならやれる、誰かが守ってくれればやれると子どもに習慣づけをしてしまい、そうでない**

とやれない子どもにさせてしまう可能性があるからです。

「怖くないよ」に隠されたメッセージ

「怖くないよ」という声かけ自体も、実は望ましくありません。私たちが子どもに「怖くないよ」と声をかけるとき、その前や後ろに省略している言葉があるのです。

省略した言葉を付け加えると、こういう文章になります。

「怖くないよ、【だから動けるでしょ？】」

「怖くない、だから動けるでしょ？」というメッセージの裏には、前提として「人は怖いと動けない」というメッセージがあります。

「このワンちゃんは怖くないよ、だから動けるでしょ？」という言葉は、〝怖いと動けないかもしれないけれど、怖くないから、動けるでしょ？〟と本当は同じです。

「怖くないよ」とあなたが子どもに声をかけるとき、**そこには言葉になっていませんが、〝人は怖いと動けない〟という価値観が隠されているのです。**

この価値観が子どもに伝わったら、どうなるでしょうか。

お母さんが怖くないと言ったから、おそるおそる動けるかもしれません。しかし同時に、人は怖いと動けないという価値観を、後ろで培(つちか)ってしまうことになります。

こういう価値観を持った子どもは、新しい経験を「怖いからいやだ」と避けてしまうようになります。怖いから動けない、チャレンジできない。

怖いという感情と、動けないという行動が価値観で強く結びついていますから、怖さがなくなるまで、行動できない子どもになってしまう可能性があります。

「ヘビは怖くないよ。こういう理由で……」

この「怖くないよ」という声かけには、ほかにもまだ怖い面があります。犬は怖くないよ、安全だよということを子どもに伝えたい、わかってほしい。私たちはそういう気持ちから「怖くないよ」という言葉をつい使ってしまいます。

しかし、「さあ、怖くないですよ」と言われて、犬は怖くなくなるでしょうか。大人でも、何か怖いと思うものは必ずあるはずです。たとえば、あなたはヘビが苦手だとします。「ヘビは怖くないよ」と言われて、怖くなくなりますか。

「日本には毒性のあるヘビは多くない」
「その毒ヘビに合うことは、滅多にないはず」
「それにもし合ってもヘビはいきなり人間をかまない」
「だから大丈夫、怖くない」

「ヘビは基本的に臆病」

怖くないと言われても、やっぱり怖いというあなたに、ヘビを怖がらない人が、こういう理由だからヘビは怖くないと具体的に説明してくれました。

どうですか。今度は怖さがなくなりましたか。かえって何を言われているかわからなくなって、頭が混乱したり、不信感が出てきませんか。

嫌なことを説得されると反感を覚える

私たちは、自分が嫌だとか、怖いと思うことを熱心に説得されたり、説明されればされるほど、相手に反感を感じたり、信用できないと思ってしまいます。

自分にとって嫌なこと、信用できないことを言い続ける人は、自分のことはよくわかってくれない、自分の味方ではなく、敵だと感じる人がほとんどでしょう。

これを、お子さんへのふだんの声かけに当てはめてみましょう。

あなたが良かれと思って一生懸命お子さんへ説明すればするほど、子どもはあなたに反発し、反感を覚えます。そしていつのまにか敵になり、信用できない人になって、子どもを大混乱させ、さらに関係がおかしくなっていくのです。

自分は怖いからただ怖いと言っているだけなのに、「怖くないよ」という言葉が親から返ってくる。これは、「あなたの感じ方は間違っているんだよ」「そう感じてはいけないんだよ」というメッセージになりかねません。

ただ情報を伝えているだけで、子どもを否定するつもりがまったくないのに、子どものほうは自分を否定されている、自分はおかしいと受け取ってしまうのです。

否定されるから「怖い」と言えなくなるし、怖いと感じてはいけないのだ、と自分の感情に蓋(ふた)をしてしまうかもしれません。

大人なら、自分の意見を相手にはっきりと伝えることもできます。信用できない相手なら、それから付き合わない、という方法もとれます。あとで友人に気持ちを吐き出して、自分の気持ちを回復することもできます。

しかし、子どもはまだそういう手段をほとんど持っていません。

一番気持ちを伝えたい相手である親からこう言われてしまったら、なかなか本心が言えなくなってしまいます。

答えを限定しない「オープンクエスチョン」を

望ましくない声かけの具体例をあげてみましたが、それではいったい、どんな声かけをするのが効果的なのでしょうか。

まず、子どもが「怖いと思っている」という「事実ではないかもしれない思い込み」から一歩外へ出ましょう。子どもが何でも自由に答えられるような質問をするのです。

「どうしたの？」

これは答えを限定しない質問、**オープンクエスチョン**です。オープンクエスチョンは答えを誘導したり、相手を枠にはめません。このような質問なら、子どもは自由に自分に起きていることや、気持ちを言葉にすることができます。

「答えはひとつ」も思い込み

もしかしたら、やはり「怖いの」という言葉が出てくるかもしれません。あるいは、違う言葉が出てくるかもしれません。

ここで大切なのは、**答えがひとつ返ってきたらすぐ親が、ではああしよう、こうしようと動かないことです。**

「答えはひとつ」

これも私たちが持っている思い込みの枠です。

学校では1＋1は2と習いましたが、世の中のたいていのことには、絶対の「正解」というものはありません。

たとえば、最寄りの駅まで出かけるとき、あなたはどんな手段で行きますか。歩いて行く、バスに乗って行く、自転車に乗って行く。

あなたが「選ぶ」のはひとつでも、行き方は何通りも出てきます。そのどれが正解ということはありません。

人の心にも、同じように答えがたくさんあるのです。遊園地のジェットコースターに乗るときは怖いけど、わくわくする。お父さんは好きだけど、お髭(ひげ)が嫌い。○○だけど、××する、というように、**心の中には正反対の気持ちが出てくることがあります**。

答えはひとつという枠がはまっていると、それが見えなくなってしまうのです。

「怖いんだ。でも、それだけ?」

私たちは怖いと言われたら、その怖いをまず何とかしようとしてしまいます。

しかし、人間の心は、海のように深くて広いものです。ひとつ答えが出たからといって、どうか問いかけをやめないでください。

「ああ、怖いんだ。そうか、でも、それだけ?」

まず、子どもの感じたことを、そのまま受け取る。しかし、このように気持ちを受け取ってもらっただけでは、人はまだ動けません。

そこで、「それだけ？」と問いかけてみる。

これも先ほどと同じオープンクエスチョンです。このようにきかれれば、子どもは自分の中にある気持ちを探って、また答えることができます。

「怖いけど、触る！」と言い出すことも

「どうしたの？」
「うん、あのワンちゃんが怖いの」
「ああ、怖いんだ、そうか、でも、それだけ？」
ほかにあるかどうかをきかれたら、その子は「うん、怖いんだけど、でも、触りたいの」と言うかもしれません。
「触りたいのか、それで全部？　まだある？」
「触りたいけど、かまれたら怖いし、痛いのが嫌なの」
「ああ、痛いのが嫌なんだ。じゃあ、ワンちゃんが嫌いなわけじゃないのね」
「うん、嫌いじゃないの」
「それで全部かな？」

しつこいと思うかもしれませんが、子どもの心を深めていきたいと思うなら、子どもが自分で自分の心を深く探るまで問い続けてあげてください。

広くて豊かな子どもの心につきあって

「あのワンちゃんね、この前も会ったの。だから、お友だちになりたいの」
「お友だちになりたいんだ」
「だからね、触れたらお友だちになれると思うの」
「そうなんだ」
「でもね、怖いの。かまれたりするのが嫌なの。だから、触りたいけど、怖いの」
オープンクエスチョンで問い続けると、子どもの中からはいろいろな言葉が出てくるはずです。

子どもの心は、私たちが想像しているよりずっと広くて豊かです。親がその広さにつきあっていかないと、子どもは自分の心の広さに気がつくことができません。

大人がせっかちに何とかしようと手を打ってしまうと、子どもは表面的な感情しか見ずに、自分の深い内面に触れていく力を失います。

本来自分の中に持っているパワーを失ってしまうのです。

自分の内面をとことん探る

このように子どもの気持ちに寄り添って、内面を探る機会を創り出していくと、子どもはどんどん自分の中を探っていきます。

自分の中を全部見て、ほかにもうないなとなったとき、本来はここで初めて、「じゃあ、どうする?」ときくべきなのです。

そうすると、一見怖くて固まっていた子どもが、「怖いけど触る!」と言い出したりします。

別に、怖さがなくなったわけではありません。自分の混乱や葛藤(かっとう)を全部受け取ってもらったことで、自分から行動を起こせるようになったのです。

葛藤をそのままにしておいても、子どもは動けるようになりません。**行動を起こせるようになるには、ふだんから、自分の中をじっくりと探る練習をする必要があるのです。**

この練習がないと、怖いと動けない子になりやすくなります。

そして、親が自分で動けない子にしておいて、ほめることや力ずくで、何とか動かそうとしてしまいます。

子どもに急ぎすぎている親たち

私たち大人は、ふだん子どもに対して急ぎすぎています。早くなんとかしよう、早く問題を解決しようと急いでいます。

親がこのような焦(あせ)った態度でいるとき、子どもは親のペースに巻き込まれ、自分を見失います。そして、自分の中を探ることもできなくなっていきます。

子どもには子どもの言葉で、意思を伝える力があります。私たちはつい先回りをして、子どもの言葉をさえぎり、伸びる芽をつんでしまうことがある。そこに気がつく必要があるのです。

しかし、**今まで適切な声かけをしてこなかったから、子どもの可能性が閉じてしまうということではありません。子どもの心はとても柔軟です。そして、自分で回復する力を持っています。**

その力を引き出せるような声かけであるよう、これから親が意識していけばよいのです。

オープンクエスチョンを含む声かけの具体例は第2章で、詳しい解説は、第3章で取り上げます。

核家族では、親の「価値観」がそのまま子どもに

昔はいろいろな価値観の中で育った

都会では、今多くの家庭が親と子どもだけの核家族です。おじいちゃん、おばあちゃんとは年に一、二度しか会わないという方も、多いのではないでしょうか。

昔は親が未熟でも、おじいちゃん、おばあちゃん、周りの大人たちに親として扱われることで、親は自分の役割を果たすことができました。

親自身も、周囲の先輩から学びながら、親として成長していったのです。

子どもたちも、おじいちゃん、おばあちゃん、親戚、近くの大人たちから声をかけられ、何かと世話を焼かれながら育っていきました。

そして、親から否定されたり、愛情を感じられなかったとしても、子どもはほかの

大人たちから、じゅうぶんに愛情を受け取ることができました。
子どもを地域で育む社会が、そこには存在していたからです。

多くの大人と接することで、別の価値観に触れられた

男の子だから、怖がってはいけない。男の子だから、泣いてはいけない。男の子だから、長男だから。私たちが子どもの頃は、男の子は男の子らしく、女の子らしくという価値観が、当たり前のものとして親にありました。

すぐ泣いてしまったり、怖がりの男の子は、この枠組みのために親から厳しくしつけられることもあったでしょう。そんなとき、昔だったら、

「そうは言っても、怖いものは怖いよね」

「いいんだよ、泣いても」

などと別の大人が言ってくれました。

親が厳しすぎたり、間違ったことを言っていても、周囲の誰かがそこに別の価値観を持ち込んでくれたのです。

「男の子でも、泣いていいんだ」

「怖いものは怖くていいんだ」

子どもはほかの大人たちの価値観に触れることで、親の価値観の枠組みの外に、簡単に出ることができたのです。

ところが核家族の場合、子どもが家の中で接する大人は、自分の親だけです。子どもは親の価値観の枠組みの中で、ものごとを判断するしかありません。

昔は三世代での同居も珍しくありませんでしたから、親自身も、自分の親や兄弟との価値観の違いを肌で感じることができました。

しかし、今は自分の親は近くにいませんし、近所に知り合いがいないことも多く、子どもが保育園や学校へ上がるまでは、ほかの親と親しくつきあう機会もほとんどなかったりします。

親がイライラしているのは、自分が悪い子だから？

子育てでは、毎日予想外のことばかりが起こります。とくに子どもとふたりきりで過ごすことの多いお母さんは、たったひとりでストレスを溜め込んで、いっぱいいっぱいになってしまっています。

育児書やインターネットで見たようにやっても、子育てはマニュアルどおりにはいきません。同じようにできない自分が悪い。子どもがおかしい。そんなところから、子どもにあたってしまうことも、あるかもしれません。
余裕のない親の言葉を、子どもはそのまま受け取ります。はっきりした理由がわからなければ、親がイライラしているのは自分が悪い子だからだ、と受け取ってしまうかもしれません。私たちは、自分の価値観や声のかけ方が子どもにどんな影響を与えるのか、しっかりと自覚する必要があるのです。

自分の中を探る時間を持とう

自分はいったい、どんな価値観を持っているのか。何に価値を置き、何を大切だと考えているのか。自分が親として、子どもに一番伝えたいものは何か。日常の中で、少しだけ**自分の中を探る時間をつくりましょう。そして、子どもだけではなく、ほかの大人と会話をする時間を持ちましょう。**

自分がどんな枠組みを持っているかは、違う枠組みを持つ人に触れないと見えてこないからです。別の枠組みに触れると、自分の枠組みもゆるみます。

自分の子育て、価値観が絶対正しいということはありません。それは変化していってもいいものです。変わってもいい、違うものを受け入れてもいいと考えれば、あなた自身も、親としてどんどん成長していくことができるのです。

第2章

こんなときどうする？
子どもが輝き出す
「声かけ」は？

1

なかなか宿題をやらない

こんなとき
どうする？
1つ選んで

遊んでばかりで、学校の宿題をなかなかやらないわが子。
きちんと宿題を終わらせるには？

A.「どうしてやらないの！　やる気がないの？」
B.「勉強しなくてもいいけど、ロクな大人にならないわよ」
C.「宿題はどのぐらいあるの？　どれから始めたらいいかな？」

Ⓐ

Ⓑ
勉強しなくてもいいけど、ロクな大人にならないわよ

Ⓒ
宿題はどのぐらいあるの？どれから始めたらいいかな？
計算ドリル
算数

1 「宿題をしていない」事実にだけ目を向ける

宿題をしていない＝やる気がない？

「やる気があるからできる」は思い込み、これは第１章でお伝えしたとおりです。

Ａの声かけは、「宿題をしない＝やる気を見せていない＝やる気さえあればできる」という、思い込みから出たものです。**子どもが宿題をやっていないことと、やる気がないことを、一緒に考えてはいけません。ただ、子どもはまだ宿題に取りかかっていない、それだけなのです。**

Ｂの声かけは、子どもに行動を促（うなが）そうとしてやってしまいがちですが、これも望ましくないといえます。**子どもに「勉強しなくていい」としながら、「しないと怖い結果がある」という声かけは、矛盾しています。**

また、「勉強しなくていい」、という言葉には、「子どもに対するあきらめ」「投げやりな気持ち」を含んでいます。子どもは親の言葉の背景を、しっかりと感じ取ります。親があきらめてしまったら、子どもも自分のことをあきらめてしまいます。

子どもには、自分でやりとげる力がある

Cの声かけが、最も適切です。子どもを「宿題をやりとげる意志がある」子として扱い、やっていないことを責めずに、「どのぐらいあるのか」「それを終わらせるためには、どれから始めたらいいと思うか」を問いかけています。

子どもも頭の隅で「宿題をやらなければいけない」ことはわかっていたりします。しかし、なるべくそれをあとに回したいのです。大人にだってよくあることです。

叱りつけるのではなく、「宿題をまだやっていない」事実だけに目を向けさせる。そして、それに対して「どうすべきか」考えるように促す。さらに取り組めない原因や事情といった、子どもが問題だと思っていることを一緒に見ていく。

子どもが自発的に考え、行動に移すよう促すのは根気がいりますが、けっしてあせらないこと。自分で計画を立てて、きちんと宿題を終わらせる力が子どもにはあります。親が適切にサポートすれば、その力はちゃんと発揮されるのです。

2

決めたルールを守らない

こんなとき どうする？ 1つ選んで

自分の使ったお皿は自分で洗う
という「ルール」を、
子どもが守らなかったら？

Ａ．「どうしてやらないの？　ユカはいつもそうなんだから！」
Ｂ．「やりたくないのね。もういいわ、お母さんがやるから！」
Ｃ．「お皿がそのままよ。今日はどうしたの？」

B
やりたくないのね。もういいわ、お母さんがやるから！
ツン

C
お皿がそのままよ。今日はどうしたの？
ピ

2

「今日洗えなかった」ことに対して理由をきく

「どうして？」は責められているようにきこえる

　自分のお皿は自分で洗うというルールがあるので、「どうしてやらないの」というAの声かけは、必ずしも悪いわけではありません。ただ、「どうして？」という言葉は、責められているようにきこえます。子どもは自分がやったことは覚えています。今日はまだ洗っていなかったけれど、ちゃんと洗っている日もあるのに、「いつも」と頭ごなしに否定される。子どもは「やっていることを認めてくれない」と親に失望し、だんだんルールを守れなくなります。

　Bの声かけも望ましくありません。たまたま「今日洗わなかった」という事実に対して、「本当は洗いたくないと思っている」という「思い込み」で決めつけ、子どもとの約束を親が勝手に取り上げています。

AもBも、親の感情を子どもにぶつけてしまっています。感情が高ぶることは、誰にでもあります。そんなときは、あとで、「あのときはかっとなってひどいことを言ったけれど、本当はこう思っていた」と子どもに伝えればいいのです。

「今日に限ってどうしたの?」ときく

Cが一番適切な声のかけ方です。**「今日は」と限定したことで、いつも洗い物=親との約束を守っている子どもを認め、「今日に限ってどうしたの?」**と、第1章でも触れた**「オープンクエスチョン」で問いかけています。**「オープンクエスチョン」については第3章で詳説します。

「今日の理由」だけをきかれたことで、子どもは洗わなかったことを責められたと感じることなく、なぜ洗えなかったのかの理由を話しやすくなります。

もし単に洗うのを忘れていただけなら、「今から洗ってほしいんだけど」と親からの希望を伝えることができます。そのときも「洗う約束でしょ」「洗わなかったら寝かせないからね」などと脅迫するような声かけは避けましょう。

なるべく冷静に、タイミングを見て子どもに声をかけることが重要です。

3

急に「帰りたい」とぐずり出した

こんなとき
どうする？
1つ選んで

遊園地についたとたん、
子どもが帰りたいとぐずる。
あんなに楽しみにしていたのに？

A．「どうしたの？」
B．「泣いてないで、どれに乗りたいか言いなさい」
C．「どうしてそんなにわがままなの！ もう連れてきませんからね！」

B
泣いてないで、どれに乗りたいか言いなさい
PLA
TICKET
MAP

C
どうしてそんなにわがままなの！もう連れてきませんからね！

3

子どもがぐずっている。その気持ちを受け取り続ける

親の都合で声かけしていないか

さっきまで笑っていたのに急に怒ったり、泣き出したりする。小さな子どもなら、珍しいことではありません。遊園地に来るまでに疲れてしまったのかもしれませんし、途中で機嫌が悪くなる何かがあったのかもしれません。

Cの声かけは、泣いているわが子を前にした親はついやってしまいそうですが、本当にわがままでぐずっているのかは、子どもにきかなければわかりません。

泣いたらどこにも連れて行ってもらえないと言われたら、子どもはどうしたらいいのでしょう。**悲しかったり、つらかったり、くやしかったり、そんなときは泣きたいのに、がまんする子になってしまいそうです。がまんを続けるのはつらいから、つらさを感じないように、心を閉ざしてしまうかもしれません。**

Bは、まったくの親の都合でしている声かけです。遊園地に来たのだから、乗らなければいけないというのは、「せっかくここまで来たことが無駄になる」＝「時間をかけたことの元を取る」という価値観に基づいた声かけです。

「どうしたの？」とオープンにきく

この場合はAの声かけが望ましいです。これは「オープンクエスチョン」で、相手が自由に答えられる問いかけです。

子どもがぐずっているときに、「どうしたの？」と声をかけるのは、ちょっとおかしいように感じる人もいるでしょう。しかし**この声かけは、子どもの「今の状態」をきちんと観察したうえで出てきた言葉です。**遊園地を楽しみにしていたことや、ここまで時間をかけてきたのだからという、親の都合もいったん脇に置いて、子どもがぐずっている事実だけを見て、問いかけています。

子どもが落ち着くまで、せかさず怒らず、ただ気持ちを受け取り続けること。気持ちが落ち着いて、それでも帰りたがっているのなら、帰ってしまいましょう。

遊園地は楽しく遊ぶ場所。嫌がる子を無理に連れていく場所ではないのです。

4

花びんを割ってしまった

こんなとき どうする？ 1つ選んで

ガチャンという音で飛んでいったら、子どもが割れた花びんを手にしていた。叱るべき？

A．「大丈夫？　どうしたの？」
B．「花びんは触(さわ)っちゃだめだって、言ったでしょ！」
C．「お母さん 片付けなきゃいけないでしょ！　ひどい子ね！」

Ⓑ

花びんは触(さわ)っちゃだめだって、言ったでしょ！

Ⓒ

お母さん片付けなきゃいけないでしょ！
ひどい子ね！

4

子どもは好奇心のかたまり。ただ、危険なことは伝える

いろいろ試すことを否定しないで

子どもは好奇心のかたまりです。植木鉢に歯ブラシが植わっていたり、ぬいぐるみがお風呂に浸かっていたり、大人の想像を超えたことをやってくれます。親にとって不都合なことをしたときに叱るべきどうか、難しいところです。いろいろと試していて、結果としてものを壊したり、使えなくしてしまうこともあるでしょう。でも、**好奇心を持って取り組むことで、想像力や創造性が養われていくのです**。ただ、それで子どもがケガをしたり、他人にケガをさせる危険があるなら、親として「やってはいけない」ことを伝える必要があります。

Bの声かけは、子どもに反応して出てきた言葉です。テーブルの上にあった花びんが割れて床に散らばっている＝子どもが触(さわ)ったという「思い込み」。それをその

まま口に出しています。花びんが倒れたところは見ていないはずです。でも、「思い込みの枠」のために、目の前のものや子どもの様子が、見えなくなっています。

まず安全を確認。親の心配は子どもに伝わる

Cもまた反応から出た言葉です。これも「花びん」を割ったのは子どもだという「思い込み」から、自分の感情をそのまま子どもにぶつけています。

これは花びんを割っていても割っていなくても、「あなたは」私にひどいことをしたというメッセージになっています。子どもはいつどんなことが親の気にさわるかわからず、いつも親の顔色をうかがうようになってしまいます。

Aの声かけが、この場合は一番望ましいです。子どもの安全を、まず確認する。もしケガをしていたら、叱るより手当てが先です。**親がまず自分を心配してくれた。それは子どもにしっかりと伝わります。子どもが安心して落ち着いたら、オープンクエスチョンで何があったのかをきいてみます。**

何が危ないかは、体験してみないと子どもには実感できません。**やったことを責めるのではなく、これから気をつけさせることが、大切なのです。**

5

すぐかんしゃくを起こす

こんなときどうする？ 1つ選んで

うまくいかないことがあると、
すぐかんしゃくを起こすうちの子。
どうしたらいいの？

A．「いい加減にしなさい！」
B．「ずいぶんイライラしているのね」
C．「いいわよ、ずっとやってなさい！
そんな聴き分けのない子はいらないわ」

B

C

5

子どもの気持ちの整理を親が手助けして

小さい子どもは、気持ちの整理ができない

赤ちゃんのときは、不快なことがあれば泣き、うれしいことがあれば笑うというように、気持ちと行動は一本の線で結ばれています。しかし、言葉が少し話せるようになった頃から、気持ちと行動は一緒ではなくなってきます。気持ちと言葉を自分の中でうまく結びつけられないから、周りの人に自分がしてほしいことが伝わらない。自分でやりたいことを、頭の中で思っているとおりにできない……。

子どもは毎日すごいスピードで成長していますが、心や表現する力、体の成長の速度はみな同じではありません。かんしゃくを起こす原因が、そこにあるのです。

Aの声かけは望ましくありません。感情をうまく表現できない子どもを叱りつけても、かんしゃくはおさまりません。不安や混乱でどうしたらいいかわからず、気

持ちを受け取ってもらえないので、よけいかんしゃくを起こします。

Cの声かけも避けましょう。ずっとやっていてもいい、と言いながら、そんなことをする子はいらない、と言っています。自分の感情を説明できなかっただけなのに、そんなことをする子はいらないと否定されたらどうでしょうか。子どもは感情が揺さぶられるたび、無理にがまんするようになってしまいます。感情が揺さぶられることに、罪悪感を持つかもしれません。

子どもの混乱をきちんと受け止めて

この場合、Bが一番望ましい声かけです。**子どもの混乱を、まずきちんと受け取る。そして、少し落ち着いたら、「どうしたの?」と問いかけてみる。**子どもの混乱の原因をひとつずつ取り出して、子どもと一緒に見ていくのです。

子どもは混乱していますから、言葉がバラバラに出てきたり、話が戻ったりします。その混乱を整理して、「なるほど、こうだったんだね」と子どもに伝える。

親が少し手助けすることで、子どもは自分の心がどう動いて、どう感じたかを理解できます。感情を爆発させずに気持ちを伝える方法を学んでいけるのです。

6

子どもがうそをついている？

こんなとき どうする？ 1つ選んで

連絡のプリントをなくしたのに、
もらってこなかったと言い張る子。
どうしたらいい？

A．「みんな持って帰っているのに、どうしてうそつくの！」
B．「もういいわ、お母さんが取りに行くから」
C．「先生に言って、プリントをもらってきましょうね」

Ⓐ

B
もういいわ、お母さんが取りに行くから

C
先生に言って、プリントをもらってきましょうね
うん
れんらくぶくろ

6

親がじっくり聴けば、正直な気持ちを話すようになる

うそを頭ごなしに否定しないで

うそ＝いけないこと、だから厳しく叱るというご家庭もあるかと思います。しかし、うそは絶対ついてはいけないものでしょうか。

大人も自分の都合でうそをつくことがあります。勘違いだってあります。**頭ごなしに否定しないで、まず子どもの言葉を受け止めてください**。

そこから見ると、Ａの声かけは望ましくありません。ほかの子はプリントを持って帰っている、プリントは全員に配られたはずだから、あなたはうそをついている。

しかし、このような声かけでは、子どもを追い詰めてしまいます。

同じように、Ｂの声かけも望ましくありません。ここではうそをついたかどうかには触れていませんが、「あなたは親が手を出さないとだめな子」というレッテルを、

子どもに貼ってしまっています。**面倒なことは親がやってくれると刷り込むことは、子どもを親に依存させることになります。**

子どもの話を最後まで聴く

Cの声かけは、一見子どものうそを肯定しているようですが、これが一番望ましい声かけです。うそをついているのであれば、子どもは自分でちゃんと知っています。でも、親にはうそがばれないでほしいと思っています。

この声かけでは、子どもの言葉をそのまま受け取って、どうしたらいいかを子どもに提案しています。うそをついても、その問題はなくならないし、自分で向き合って解決しなくてはいけないことを、子どもに伝えるのです。

子どもがうそをつくのは、何とかして自分を守ろうとするときです。親に叱られたり、怒られるのが恐くて、ついうそをついてしまうのかもしれません。

まず、子どもの話を聴き切ると決めてみてください。途中でさえぎらず、最後までしっかりと聴く。受け取ってもらえたと感じた子どもは、正直な自分の気持ちを、少しずつ伝えられるようになります。

7

友だちにケガをさせた

こんなとき
どうする？
1つ選んで

子どもが一緒に遊んでいた友だちにケガをさせてしまった。どうしたらいい？

Ａ.「タク君は、どうしてケガしちゃったのかな？」
Ｂ.「まさかあなたはそんなこと、しないわよね」
Ｃ.「乱暴する子は、うちの子じゃありません！」

Ⓐ

B

C

7

「まず、子どもの言い分をしっかり聴く」

まさかうちの子が……。でも現実を見て

今の子どもたちは相撲ごっこをしたり、とっくみあいのケンカをすることが少なくなっています。力の加減がわからず、ふざけ合っているうちに強くたたいてしまったり、ケガをさせてしまったりすることが、以前より増えているようです。

Bのような声かけをされたら、子どもは本当のことを言えなくなってしまいます。うちの子に限って。うちの子がそんなことをするはずがない。私たちはつい、そういうところから、子どもの話を聴こうとしてしまいます。でも**子どもを信頼することと、信じることは同じではありません。「うちの子がそんなことをするはずがない」と信じたい。だから現実は見ない。それでは何の解決にもなりません。**

Cの声かけは、Bと正反対のようですが、実は言葉の後ろにあるものは、同じ性

質です。その子に何が起こったかを受け止めず、「親の立場」や「自尊心」が傷つけられたというところから、子どもと会話をしているのです。

友だちにケガをさせたことで、子どもはほかの子や大人から責められているかもしれません。ケガをさせてびっくりした、怖かった、友だちに悪いと思った、でも、友だちから先にふざけてきた。**子どもにも言い分があります。子どもはそれを受け取ってほしいのです。親に受け取ってもらえず、責められるだけでは、子どもは問題に立ち向かう力を完全に奪われてしまいます。**

一緒に解決する姿勢をしっかり見せる

Ａの声かけが、最も望ましいです。友だちにケガをさせたのがわが子のようだと知らされていても、まず子どもの言い分をしっかりと聴く。

子どもは自分に都合のいい「うそ」をつくかもしれません。しかし、「なぜ友だちはケガをしたのか」を考えさせることで、子どもにこの問題から逃げてはいけないと、伝えることができます。**問題に蓋をして見ないようにするのではなく、親として一緒に解決する姿勢を、子どもにしっかり見せることが大切です。**

8

学校でいじめに遭（あ）っている

こんなとき
どうする？
1つ選んで

子どもが学校で
いじめられているらしい。
どうしたらいい？

A．「いじめている子の名前を言いなさい！ 学校に言いつけるから」
B．「いじめなんか気にしていたら、この先やっていけないぞ」
C．「学校で困っていることはないか？ どんなことでも相談にのるからな」

Ⓐ

Ⓑ
いじめなんか気にしていたら、この先やっていけないぞ

Ⓒ
学校で困っていることはないか？
どんなことでも相談にのるからな

8

あえて少し遠いところから声をかけてみる

いじめられているわが子を突き放さないで

いじめのニュースが、連日報道されています。もしわが子がいじめられていたとしたら、親として冷静に受け止めることは難しいかもしれません。

しかし、Aの声かけはお勧めできません。名前を言えるくらいなら、子どもはとっくに先生や親に相談をしています。子どもが最も望んでいない方法です。

といってBのようなことを言われても、子どもはどうしたらいいかわかりません。

私たちの子どもの頃なら、「いじめは自分の気の持ちよう」「自分が強くなれば、自然と解決する」という価値観でも、いじめは解決したかもしれませんが、今の子どもたちが受けているいじめは、もっと根が深く、原因も複雑です。

「この先やっていけない」というひと言は、子どもを深く傷つけてしまいます。

いじめられている自分はだめなんだ、それを気にしてはいけないんだ。子どもはいじめられている自分が悪いと思うようになります。いじめで傷ついているのに、親に突き放されたら、子どもは誰にも守ってもらえないのです。

無理にきき出そうとせず、寄り添う

Cが一番望ましい声かけです。ここでは、いじめという言葉を直接使っていません。誰かにいじめられていることを、子どもは親に言いにくかったりします。子どもが抱(かか)えている問題そのものにいきなり触れるより、あえて少し遠いところから声をかけてみる。子どもの問題に気がついていること、そしてその問題を一緒に解決しようと思っていることは、子どもにじゅうぶん伝わります。

いじめの問題はデリケートです。子どもは自分に起こっていることを、親にうまく説明できないかもしれません。言いたくないと拒否するかもしれません。しかし、そこで無理にきき出そうとしないこと。傷ついた子どもに寄り添い、存在をしっかりと受け止めることが大切です。**何があっても親は自分を見捨てない、一緒にいてくれると感じることは、子どもにとって大きな力づけとなります。**

9

電車の中で騒ぐ

こんなとき どうする? 1つ選んで

電車の中で子どもが
はしゃいだり、悪ふざけをしている。
やめさせるには?

A．「騒いじゃだめ！」
B．「周りの人に怒られるからやめなさい！」
C．「楽しいね。でも、電車の中では静かにしましょうね」

B
周りの人に怒られるからやめなさい！
キヒヒ

C
楽しいね
でも、電車の中では静かにしましょうね

9

「ひと呼吸置いてから、ルールをきちんと伝える」

人前で怒られるのは恥ずかしい

小さい子どもには、守らなければいけないマナーがまだよく理解できません。**ここにはこういうルールがある、これはしてもいいけれど、これはだめ。それをひとつずつ、伝えていく必要があります。**

Aの声かけでは、子どもの行動に親が単純に反応してしまっています。ただ怒られただけでは、子どもはルールを理解できません。怒る前に、ひと呼吸置きましょう。たくさんの人の前で親から怒られるのは、子どもにとってとても恥ずかしく悲しいこと。騒いだ、怒られた、恥ずかしい。恥ずかしい思いはしたくない。**起きたことと気持ちが結びついて、たくさんの人のいるところで、自由に自分を表現できない子どもに育ってしまう可能性もあるのです。**

Bの声かけも望ましくありません。親自身が恥ずかしい、やめてほしいと思っているのに、「ほかの人が」「○○さんが」と誰かのせいにする。
叱ることで、子どもに嫌われたくないという方もいるでしょう。しかし、叱ることを避けるのは、親として子どもに責任を持ちたくないということになります。やってはいけないことをしたときには、きちんと叱ることも親の役目です。
子どもはこうした親のうそやずるさを、見抜きます。その結果、親を馬鹿にするようになったり、親の言うことを信じなくなってしまうこともあります。

気持ちは受け止めてから、マナーを伝えよう

最も望ましいのはCの声かけ「楽しいね。でも電車の中では静かにしましょうね」です。**子どもがはしゃぎたい気持ちはしっかりと受け止め、肯定して、その上で、公共の乗り物での「マナー」や「ルール」はきちんと伝えています。**
ただ、この言葉だけでは、年齢によっては「なぜここで騒いではいけないのか」をつかみにくいかもしれません。その場合は「ここでは周りの人も気持ちよいように、静かにするのがルール」であることを、きちんと伝えておいたほうがいいでしょう。

10

試合でいい結果を出してほしい

こんなとき
どうする?
1つ選んで

サッカーの試合で力を出せるよう、
子どもを応援したい。
どんな声かけが効果的？

Ａ．「優勝したらなんでも欲しいものを買ってあげる！」
Ｂ．「今日は楽しんでね！　しっかりね！」
Ｃ．「こんなに応援してるんだから、絶対勝ってね！」

Ⓑ
今日は楽しんでね！
しっかりね！

Ⓒ
こんなに応援してるんだから、絶対勝ってね！

10

親の熱心さが子どもをコントロールしてしまう

ごほうびは逆効果

わが子がこんなにがんばっているのだから、ぜひいい結果を出してほしい。親として当然の思いです。練習の送り迎えや付き添い。当日も張りきって早起きする。自分が試合に出るように、つい応援に熱が入ってしまうお父さんやお母さんも、多いのではないでしょうか。

親がいくら熱心になっても、試合に出るのは子どもです。**わが子の出す結果を自分の評価のように感じていないか、自分の期待で子どもをコントロールしていないか、ちょっと注意してみてください。**

Aの声かけは、子どもとの「取り引き」、コントロールになっています。「なんでも」といって子どもに自由に選択させているようにも見えますが、「試合の結果」と「なんでも欲しいものを買ってあげる」ことは、本来まったく関係がありません。

優勝したら好きなものを買ってもらえると言われたら、練習にも身が入るかもしれません。しかし、結果を出せば欲しいものを買ってもらえる、できなかったらもらえない。そこには、**「結果を出さないと価値がない」というメッセージが隠されています。親の期待や愛情が、ここでは物に置きかわっているのです。**

子どもは次第に、欲しいものを買ってもらうには、何をしたらいいのかを計算するようになり、親の愛情を「物」で測ろうとするようになってしまいます。

気持ちを押しつけず、見守って

Cは親の気持ちの「押しつけ」です。「こんなに応援している」のは親の勝手です。そして、やはり「結果を出さないと価値がない」というメッセージを、子どもに伝えてしまっているのです。

Bが一番望ましい声かけです。子どもは試合や発表でベストをつくすため、今まで練習してきています。**親は結果に対してプレッシャーをかけることなく、子どもが結果を出せるよう、エールを送るだけでいいのです。**

11

「絵が下手」と先生に言われて

こんなとき どうする？ 1つ選んで

「あなたは絵が下手だから」と先生に言われ、大好きな絵を描かなくなってしまったわが子。どうしたらいい？

A.「私はミキの絵はとっても素敵だと思うわ。
　また描いて見せてね」
B.「先生がほめてくれるように描かなきゃだめでしょ！」
C.「絵じゃなくて、別のことをやってみたら？」

B
先生がほめて
くれるように
描かなきゃ
だめでしょ！

C
絵じゃ
なくて、
別のことを
やって
みたら？

11

「学校の「評価」ではなく、子どもの個性を認めよう」

学校の評価に合わせないで

自分が好きなこと、一生懸命やっていることを先生から否定されたら、悲しいですね。先生は、生徒の絵を「指導」して「評価」するのが仕事です。この先生は、絵とはこう描かなくてはいけないという、指導の枠から子どもを見てしまったのでしょう。

本来、芸術にはこれが正しい、という形はありません。絵の具はこう使う、画面はこう使うと習って描いた大人の絵より、型にはまっていない子どもの絵のほうが、作品としても面白かったりします。

Bの声かけは、子どもを一番傷つけます。**うちの子はやればできるはずという「親の期待」を、学校の中での「評価」だけに向けてしまうのは、大変危険です。**学校の基準に合わせることで、もしかしたらこの子の才能の芽をつんでしまうかもしれません。

「評価」の外から子どもを認める

Cの声かけも、子どもを傷つけるものです。大好きなことを下手だと言われて落ち込んでいるところに、親まで「絵ではないものをやったほうがいい」＝「あなたの絵は下手だ」と、レッテルを貼ってしまったのです。子どもの気持ちを考えれば、とても残酷な言葉です。

この場合の望ましい声かけはAです。

学校の評価は、変えられません。しかし、**親がその価値観の外から子どもを肯定し、認めることで、子どもは学校での評価から「自由」になれます。**

親にとって大切な役割は、子どもを評価することではありません。子どもの気持ちを尊重し、その子の個性を育むことです。

学校の評価にはまらない絵が、その子の個性です。**個性を否定されず、受け取ってもらえる場所があれば、子どもは自分の可能性を、大きく開いていけるのです。**

12

サッカー選手になる夢

こんなとき
どうする?
1つ選んで

将来プロサッカー選手になるというわが子。親の目から見て無理そうなのだが、夢を壊したくない……。

A.「うちはみんな、運動神経が悪いんだ」
B.「リョウは本当にサッカーが好きなんだね。プロにはどうやったらなれるかな?」
C.「無理してサッカー、がんばらなくてもいいぞ」

Ⓐ

B
リョウは本当にサッカーが好きなんだね
プロにはどうやったらなれるかな？
サッカーマガジン

C
無理してサッカー、がんばらなくてもいいぞ
ピ

⑫ 「熱心に取り組んだ経験はすばらしい財産になる」

子どものやる気を奪わないで

プロサッカーやプロ野球の選手は、男の子がなりたい仕事のベスト5に入るでしょう。大勢の子どもたちが、全国のチームで練習をしています。その中で、毎回試合に出て、サッカーの強い学校へ入って、さらにプロになる子はごくわずかです。わが子なんてとても無理。そう思う親がほとんどだと思います。

しかし、今プロにいる選手たちも、子どもの頃から体力があったり、特別運動神経がよかったとは限りません。サッカーが大好きで、あきらめずに続けてきたら、結果としてプロになったという選手もいるはずです。

Aの声かけは、子どもからやる気を奪い、未来の可能性までつみとってしまいます。一番よくない声のかけ方です。「うちはみんな運動神経が悪い」のが事実だとしても、熱心に取り組む子どもを否定してはいけません。

Ｃの声かけも、望ましくありません。熱心に取り組むわが子を認めているように見せて、やる気を奪っています。**無理しなくていいと言われた子どもは、力づけられるでしょうか。新しいことへ挑戦する勇気の持てない、すべてほどほどですませようとする子になってしまうかもしれません。**

子どもの好きなことを否定しない

一番望ましいのは、Ｂの声かけです。**子どもの好きなこと、夢中になっていることを否定せず、どうやったらプロになれるかを、子どもに考えさせる。**

もし今ほかの子と比べてできることが少なかったり、足が遅かったりしても、そこを指摘しないこと。本当にサッカーが好きで、その子が毎日練習を続けていたら、可能性はいくらでもあるのです。

そして、**もし将来プロ選手になれなかったとしても、子どもは「好きなことに思いきり挑戦した」という結果を得ることができます。サッカーを熱心にやってきた経験は、その子どもにとって、すばらしい財産になるのです。**

13

わが子が不登校に……

こんなときどうする？ 1つ選んで

子どもが学校に
行かなくなってしまった。
どうしたらいい？

A.「毎日ズル休みしちゃだめでしょ！」
B.「わがままを言うな！　お父さんは1日も休まず学校へ行ったんだぞ！」
C.「学校へ行きたい？」

B

C

13

行っても、行かなくてもいい。そこから声かけを

不登校の原因は、子どもにあるとは限らない

不登校の子どもたちは、全国に13万人います。子どもの友だちの中にも不登校の子がいるかもしれません。でも、私たちはつい、自分には関係ないことと受け止め、いざ自分に起こったとき、冷静に現実と向き合えなくなってしまうのです。

なぜうちの子だけ学校へ行かないのか。育て方が悪かった？　友だちにいじめられた？　学校の先生が原因？　何かの病気？　なまけぐせ？　原因を突き止めて、なんとか子どもを学校へ行かせようとしてしまいます。

Aの声かけは、**学校へ行きたくない＝ズル休みという枠組みの中からの声かけです**。私たちが子どもの頃は、病気じゃないのに学校を休む子＝ズル休みだったのかもしれませんが、今は、不登校を続ける子どもに問題があるとは限りません。子ど

もの数が減り続けているのに、学校へ行かない子どもは年々増えています。もっとほかに原因があると考えたほうがいいでしょう。

Bも、親の思い込みからの声かけです。**親が自分の子ども時代の話を持ち出すと、子どもはそれを「親の自慢」と受け取ってしまう可能性があります。**

本当は行きたいのに、行けなくなってしまったのかもしれません。そのつらさを、親はわかってくれない。子どもは学校からも家からも、孤立してしまいます。

「学校へ行くべき」はいったん置いて

Cの声かけがこの中では最も適切です。ただ、この声かけをするときは、「子どもは学校へ行くべき」という価値観を、いったん脇に置いてください。

学校へ行ってもいいし、行かなくてもいい。そこからの声かけなら、子どもは自分の本当の気持ちを、親に伝えることができます。

「行きたくない」という答えが返ってきたら、その選択を尊重する。学校へ行っても行かなくても、わが子はかけがえのない、ただひとりの存在です。**その子が自分のやり方で、自分の速度で前に進めるよう、力づけていくのが親の役割です。**

14

ゲームで夜ふかしをする

こんなときどうする？ 1つ選んで

子どもが毎晩遅くまで
ゲームをやっている。
早く寝かせたいが？

A 「リョウが学校で眠くならないか、心配なの。
ゲームの時間は毎日 30 分って決められないかしら？」
B．「早く寝なさい！　ちゃんと寝たら、新しいゲームソフト
買ってあげるから」
C．「どうしていつもそうなの！　悪い子ね！」

Ⓑ
早く寝なさい！ ちゃんと寝たら、新しいゲームソフト買ってあげるから

Ⓒ
どうしていつもそうなの！悪い子ね！

14 「心配」な気持ちを伝え、ルール作りを提案する

早く寝る、ゲームソフトを買う、は悪循環

いったん始めたら、なかなかやめられなくなってしまうテレビゲームや携帯ゲーム。あとちょっとと思ううちに、毎日何時間もやり続けてしまうものです。

しかし、ゲームは色や音の刺激が強く、暴力的なものも中にはあります。子どもに好きなだけ遊ばせるのは、やはりお勧めできません。一日に何分というふうに基準を作ったほうがいいでしょう。

Bの声かけでは、子どもが早く寝たら新しいゲームソフトを買うと約束しています。新しいソフト欲しさに、子どもは早く寝るようになるかもしれません。

しかし、早く寝る、ソフトを買うは悪循環です。一時期早く寝ても、そのうち新しいゲームに夢中になって、また夜ふかしする可能性があるからです。

Cの声かけでは、ゲームのことだけではなく、ほかのことまで持ち出して叱っています。**「いつも悪い子」という声かけは、あなたにはいいところがない、いつもだめと言われているように、子どもには響いてしまいます。**

自分はだめなのだ、何をやっても悪く取られると受け取った子どもは、親の愛情をだんだん信じられなくなってしまいます。

自分で決めたルールを守れるよう、根気よく

Aの声かけが一番望ましいです。「私は○○が心配」という親の気持ちをまず伝えて、ゲームの時間を決めようと提案しています。

夜遅くまでゲームをやることで、朝起きるのがつらかったり、昼間眠くなったりしていることを、子どもは自分でわかっています。

わかっていることを指摘されたり、頭ごなしに叱られると反発しますが、自分を心配してくれている親の気持ちは、子どもも素直に受け取れます。

楽しいことをがまんするので、最初はなかなかルールを守れないかもしれません。自分で決めたことを守れるよう、根気よくルールを伝えていくことが必要です。

15

すぐ「めんどうくさい」と言う

こんなとき どうする? 1つ選んで

子どもがなんでも「めんどうくさい」「やりたくない」ですませてしまう。行動を引き出すには？

A.「何ですぐそういうふうに言うの？　ちゃんとやりなさい！」
B.「めんどうくさい、やりたくない、ほかには何かある？」
C.「やりたくないなら、やらなくてもいいわよ」

Ⓐ

Ⓑ
めんどうくさい、やりたくない、
ほかには何かある？

Ⓒ
やりたくないなら、やらなくてもいいわよ
こまるのはあなたなんだからね
PIANO

15

「めんどうくさい」は子どもの本当の気持ちではない

「快・不快の反応」だけで親は動かないで

「めんどうくさい」「やりたくない」。これは子どもの本当の気持ちではありません。感じたことに対して、自然に起きてくる「快・不快の反応」です。

「快・不快の反応」は最初に起きてくるものなので、私たちはこれが自分の本当の「気持ち」だと思ってしまいます。しかし、自分の本当の気持ちや意志は、心の中のもっと深いところにあるものです。

「めんどうくさい」「やりたくない」じゃあこうしましょう、ああしましょうと、「快・不快の反応」に対応して親が動いてしまうと、子どもは自分の気持ちや意志を深く考えなくなります。

Aのように怒っても、あまり効果はありません。怒られれば言うことをききますが、怒られないところでは、やらなくなります。ふだん「快・不快の反応」で動いていると、嫌なことはやらない、やりたくないが先に出てしまうのです。

「快・不快の反応」をすべて受け止める

Cの声かけは子どもの気持ちや意見を尊重しているように見えますが、実は子どもの「快・不快の反応」を尊重してしまっています。

いちばん望ましいのはBの声かけです。**「ほかにはないか」を問いかけて、わきあがってくる「快・不快の反応」をすべて受け止めます。答えがひとつ返ってきてもそこで止めずに、出つくすまで、子どもの言葉を受け止めていきます。**

反応が出つくしたあとに、「今日は疲れているので、やりたくない」「そのルールを守るのは無理」というような、子どもの本当の気持ちや考えが出てきます。親も根気が必要ですが、ぜひ一緒に掘り下げていく機会をつくってください。

最初のうちは、子どももすぐ「わからない」ですまそうとするかもしれません。しかし**こういう問いかけを続けていくうちに、子どもは少しずつ自分の内側を探り、本当の気持ちを感じていけるようになります。**

お母さん、お父さんの体験談

親が変わると、子どもが変わった！

Aなの？ Bなの？ どっちなの？と答えをせかしていた

Kさん（滋賀県・40代・女性）

無口で何を考えているかわからない。ふたりの息子を私はそう見ていました。岸英光コーチのコミュニケーションを学び始めて、ふたりがあまり話をしない原因に気がつきました。私は子どもに、考える間を与えていなかったのです。

子どもが話し出す前にAなの？ Bなの？ と、思いつく答えを与えて選ばせていたのです。これでは、YES、NOでしか答えられません。どう思っているかをきき出す声かけができていなかったのです。

次男が中2のとき、インフルエンザで学校を10日間休みました。熱が下がって登校できるようになった日に、もしかして学校へ行きたくないのでは、と思い「しばらくぶりだから行きづらいだろうけど」と声をかけてしまいました。

子どもは何も言いませんでしたが、私はまたやってしまった！ と落ち込みました。励ますつもりが、岸コーチの言う「思い込み」で声かけしていたのです。

私は、岸コーチに学んだことを思い出し、一方的な声かけをやめるようにしてみました。そして、1日5分でも、ただ子どもに寄り添う時間を創るようにしたのです。

すると、何を考えているかわからなかった息子たちのいい面が見えてきました。勉強もせずゲームばかりして困った子だと思っていた次男は、ニュースに詳しいことに気がつきました。実はインターネットでずいぶんニュースを見ていたのです。今では、次男からその日にあったニュースを教えてもらっています。親の役に立っていると感じてくれたことで、私の問いかけにもきちんと答えてくれるようになりました。

最近では長男との会話も増えてきました。ただ一緒にいて気持ちを受け取ることで人は力づけられ、変化していくことを、私は子どもから教わりました。

「気持ちよく家を出たい」では子どもに伝わらなかった

Aさん（大阪府・30代・女性）

今年5歳になる娘が2歳になった頃、岸コーチの講座に通い始めてからは、子どもを自分の力でどうにかしようとして疲れることが少なくなりました。

先日のこと。私は毎朝、娘を連れて幼稚園に行く前に、「気持ちよく家を出たいから、協力してね」と声をかけるようにしていました。ところが、これが何度言っても娘に伝わらないのです。

私は気持ちよく家を出たいのに、娘がぐずる。なぜ娘は私の「気持ちよく」を理解できないの？　どうして伝わらないの？　でも何度か繰り返すうちに、やっと気がつきました。私の「気持ちよい」の意味が、娘にはわからなかったのです。

では、どう言えば娘に伝わるだろう？

私は岸コーチに学んだように「現実にあるもの」と、私の気持ちのような「ないもの」を分けて考えてみることにしました。出かける時間は、事実としてあるもの。それなら、時間だけ伝えてみよう。

そこで「8時に家を出ます」と事実だけを言ってみたら、今度は拍子抜けするくらい、簡単に娘に伝わりました。

大人が何気なく使っている抽象的な言葉が、子どもには伝わらない。子どもと対話できているつもりで、一人よがりな言葉を使っていたことに、気づかされました。

子育ては毎日がコミュニケーションのトレーニング。これからも、子どもを通して学び続けたいと思っています。

兄はこういう子、弟はこういう子と決めつけていた

Yさん（北海道・50代・女性）

次男は高校1年の秋、学校を辞め、もう一度別の学校を受けたいと言い出しました。受験し直して受かる保証はありません。高校中退になる可能性もあります。夫が赴任中だったこともあり、私はひとり、どうしたらいいのかと悩みました。

次男の決意は固く、やはり別の高校を受け、1年生からやり直す道を選びました。でも、せっかく新しい高校に入ったのに、朝起きられずに遅刻してしまうのです。私は何とか間に合わせようと気をもむのですが、次男のマイペースぶりは変わりませんでした。

札幌で岸コーチの講座が開かれることを知り、息子を何とかしたいという思いで参加しました。ところが講座の中で、問題は子どもではなく、自分にあったことに気づいたのです。

私はそれまで、兄は長男だからしっかり者、弟は小さいからまだ世話が必要と、無意識に息子たちを枠にはめていました。特に次男は、もう自分のことをしっかりと考えられるように成長していたのに、いつまでも小さいままのつもりでした。子どもを認めていない親だったのです。

私は、岸コーチに学んだ「本当はどうしたいの？　ほかに考えていることはあるの？」とオープンクエスチョンできくことを心がけてみました。すると、しっかりと答えてくる子どもたちがいたのです。そし

て、自分がいかに子どもの心の声を聴いていなかったのか、親の都合のいい子にしようとしていたのかに気づかされました。
オープンクエスチョンを繰り返して対話ができるようになると、子どもたちは自分の気持ちを探り、自分の考えをよりはっきりと伝えられるようになってきました。
子どもには自分で決めてやり遂げる力がある。そこに気づけて本当に良かったです。

私が変わったら、妻も変わり、子どもたちが変わってきた

Oさん（広島県・30代・男性）

6歳の長男、4歳の長女、1歳の次男の父です。長男が生まれたとき、妻は子どもに失敗させない、失敗を許さないという子育てをしていました。私は失敗を避け過ぎるのはよくないと感じたのですが、妻にはうまく伝えられませんでした。
長男は、ちょっと怖がりに育ちました。親が怖くないよ、と言っても、自分でそれを実感するまで動かない。元気な妹がやるのを見て、安心とわかってから行動に移すところがあります。
長女は好奇心旺盛で活発ですが、すぐにぐずるところがあります。
長女が生まれた頃、私は岸コーチの講座を学び始めたのですが、学んだことを妻にいろいろと伝えようとして、反発され、よく言い合いになっていました。私は伝えたいのに、なぜ妻に伝わらないのだろう。私は妻ばかりを責めていましたが、三番目の子が生まれて、自分がいつの間にか変わっていることに気がつきました。
子どもの失敗を許さない妻を、そのまま受け止められるようになったのです。岸コーチに学んだことができるようになっていました。今まで私は、妻にはありのままの子どもを受け止めるよう求めながら、ありのままの妻を、受け止められずにいた。そこに初めて目が向きました。
私が妻への「子育てとはこうあるべき」という思いの押しつけをやめたことで、妻も子どもに対する「〜ねばならない」という強い思いを、だいぶ手放せてきたようです。ふたりを育てた経験と、妻自身の育児に関する学びもあったと思いますが、子どもの失敗を、妻もそのまま受け止められるようになってきたのです。
親が変わったからか、次男は自由奔放で、なんでもやりたいようにやります。打たれ強くて、転んで泣いてもよしよししてあげると、即座に回復します。
この子に影響されて、弱虫だった長男にも新しいことにチャレンジする面が見られるようになり、長女もさみしいときに、自分で自分の機嫌を取れるようになってきました。そして、妻自身どんなことにも動じない強さが身についてきました。
親としてどうあるべきか。私はいつも、子どもたちから教えられています。

第3章

子どもを伸ばす声かけ10の心得

心得・その1

子どもの話をじゅうぶんに聴く

あなたは、子どもと「一緒にいる」か

あなたは、ふだん子どもの話をしっかり「聴いて」いますか。

せっかく子どもが話しかけているのに、ほかのことに気を取られてしまい、子どもに**「お母さん（お父さん）はちっとも話を聴いてくれない」と言われたことはないでしょうか。**

あるいは、**子どもの話を途中でさえぎって、自分の言いたいことだけ先に伝えたり、「こうしなさい」と一方的な指示で終わらせていることは、ないでしょうか。**

私たちが子どもの話をさえぎってしまうのは、実は一生懸命に「話を聴こう」とした結果であったりします。話を聴き漏らさないようにしよう、理解しようとするとき、私たちは頭の中で聴いた話を整理しながら、何と返答しようかを考えています。そし

て子どもの話がまだ終わらないのに、先に聴いたことについて自分の意見を言いはじめてしまうことが多いのです。

子どもの話を聴きながら「今日は何を作ろうかしら」と晩ご飯の献立を考えていたり、泣いている兄弟（姉妹）が気になったり、心配ごとを考えていたりと、頭と心が子どもと関係ないところへ向いていることもあります。

このふたつの例は、どちらも子どもと**「一緒にいない状態」**です。**一緒にいない状態とは、自分の前に子どもがいても、このようにほかのことを頭の中で考えていたり、感じているときのことを指します。**

親とのコミュニケーションをあきらめてしまう……

一緒にいない状態では、目の前で話している子どもの表情がはっきりと感じられなかったり、子どもの声もきちんと聴こえてこなかったりします。

親が自分の話に関心を持っていない、ちゃんと聴いてくれないと感じた子どもは、だんだん親に自分のことを話さなくなります。「何を言っても聴いてもらえない」から、親とのコミュニケーションをあきらめてしまうようになるのです。

「うちの子は何をきいてもろくに返事をしない」「親子の会話がほとんどない」

こんな悩みを持つお父さん、お母さんも増えているようですが、私たちが子どもの話をきちんと聴けていないことも、こうした問題の原因のひとつなのです。

「ただ、聴く」「そのまま受け取る」

子どもが望んでいるのは、なによりもまず、自分の話をじゅうぶんに受け取ってもらうことです。

親に自分の話を聴いてもらった、伝わったと子どもが感じることが一番大切で、親の意見やアドバイスは、話を聴き終わってからでいいのです。

でも、ただ子どもの話を一生懸命に聴けばいい、ということではありません。今、目の前にいる子どもの話を「そのまま受け取る」のです。

子どもと自分を切り分けて、ただ、聴く。

子どもの話に何も足さず、何も引かず、そのまま受け取る。わが子の考えていることだから、わかる。以前この子はこうだったから、こう思っているはず。子どもの問題は私の問題だから、ちゃんと聴いてアドバイスしないと。そういった**思い込みの枠をはずし、ただ、聴くのです。**

そしてそのときには、目の前の子どもとしっかりと一緒にいる。**子どもと自分が今**

この瞬間、空間をともにしていると感じられるときが、「一緒にいる」状態です。

ほかのことに頭が向いていたら、戻ってくる

子どもに意識が向いていない、ほかのことで頭がいっぱいになっていると感じられたときは、**今自分の意識がどこに向いているかを探ってみる。**心配ごとや考えごとなど、自分の内側に意識が向いているのか、テレビや携帯電話、外の物音など、自分の外側に意識が向いているのか。**どこに自分の意識が向いているのかはっきりわかったら、そこから戻ってくる。**

慣れないとつかみにくい感覚ですが、一緒にいない状態に気がついて戻ってこられるようになると、ただ目の前の子どもと一緒にいられるようになります。

自分の気持ちや考えていることを、親がじっと聴いてくれる。受け取ってくれている。**受け取ってもらったと感じると、子どもは安心し、心配ごとや抱えていた問題も解消していきます。**

子どもの話を受け取ることは、子どもの存在そのものを受け取ることと同じです。

親が子どもをじゅうぶんに受け取ることで、子どもたちは力づけられ、パワフルに自分の命を生きることができるのです。

心得・その2

「思い込みの枠」の外に出る

「この子は何をやってもだめ」と思っていると……

私たちが無意識にとらわれている思い込み=価値観の枠組みについては、第1章でも取り上げました。

この価値観の枠組みというものは、なければいい、というものではありません。枠がまったくないと、人として当然あるべきモラルやマナー、倫理観、ルールというものをすべて否定することになってしまいます。

自分に価値観の枠組みがあることを知ることが、まず第一歩です。その上で今、自分の持っている枠組みが子どもを力づけ、可能性を伸ばすものなのか、それとも力を奪い、可能性の芽をつんでいるのかを、しっかりと見ていくことが必要です。

「この子は何をやってもうまくいかない」という価値観から子どもに声をかけ、そう扱い続けると、子どもは本当に「何をやってもうまくいかない」ように行動するようになります。

自分を外から観察する、もうひとりの自分を創る

自分がどういう枠を持っているのかをわかっていれば、「あっ、これはもしかして思い込みかもしれない」と気づいて、枠にとらわれず、ものごとを判断できるようになります。しかし、やっかいなことに、一度はまった価値観の枠組みは、なかなかはずれません。ちょっと気を抜くと、またすぐその中に戻ってしまいます。

では、どうしたらよいかというと、まず、**自分は今、どんな気持ちか、どんな状態になっているのか、何にとらわれているのか。それを外側から観察する、もうひとりの自分を創る**のです。観察されている自分は、枠の中で今までどおりに行動していますが、観察する側にいるもうひとりの自分は、「自分は今、こんなことを感じている」「子どもにこんな声をかけている」と外から見ている形になります。

慣れないとすぐにできないかもしれませんが、**枠にはまっている、とらわれていることを意識していくと、だんだん客観的に自分を観察できるようになります**。そしてすっとその枠の外へ出ることができるようになります。

心得・その3

子どもを否定しない、評価しない、比較しない

「評価」は学校だけでいい

絵を描くのが得意な子、運動が得意な子。子どもは一人ひとり、違った個性と才能を持っています。皆が同じことをできなくてもいいはずなのに、私たちはついそれを忘れて、子どもを比較したり、評価したりするところに立ってしまいます。

学校では皆、成績というものさしで評価されます。子どもにとって、誰かと比べられ、評価されることは、あまりうれしいものではありません。

その評価を家庭にも持ち込まれたら、子どもはのびのびと自分の個性や才能を表現する場所を失ってしまいます。

初めてわが子に出会ったときは、どんな比較も評価もせず、ただそこにある命を大

切に、愛（いと）おしく感じていたはずです。なのに、成長するにしたがって、私たちは子どもにもっと、もっとと、今できていないことばかりに目を向けてしまっています。

「ほめる」のではなく「認める」

この子はどんなことが得意なのか。好きなこと、夢中になっていることは何なのか。子どもをしっかりと観察することで、それは自然と見えてきます。

そして、**子どもができていることは、きちんと「認める」**。どんなに小さなことでも、子どもが創った結果はしっかりと認めていくことが大切です。

そのときに、**友だちや兄弟姉妹とその結果を比較しないこと。過去の子どもと比較しないこと。**「去年のほうが成績が良かった」と、**今の子どもが創った結果を、ただそのまま受け止め、「ほめる」のではなく、認めるのです。**

そして、これが一番大切ですが、**その子どもの個性、子どもの存在そのものを認めること。**

学校や友だち、社会との関わりの中で否定されたり、評価や比較にまみれても、親は自分のことを認めてくれている。このことは子どもにとって、大きな力づけになります。

心得・その4

オープンな問いかけをする

正解はひとつ？

第1章でもお伝えし、第2章で具体例を取り上げましたが、子どもに質問するときは、オープンクエスチョンでの声かけが望ましいです。

また、日本では学校でもお稽古ごとでも、きけばたいてい正しい答えを教えてもらえます。子どもたちは、自分で答えを探せないときは人に教えてもらえばいい、という枠を自然に身につけていってしまいます。

私たちは「答えはひとつ」、という枠組みを持っています。

正解はひとつなのだからと、つい外に答えを求めてしまう、ともいえます。

ところが、**自分の気持ちや考えの正解はひとつではありません。答えはそれこそ無限にありますし、自分の中に矛盾した思いや考えが浮かぶこともあります。**

「ほかにない？」と問いかけ続ける

「答えはひとつ」という枠があると、答えをもらえば安心できますから、子どもは「どう考えればいいか」「どうしたらいいか」ということまで、誰かに正解を求めようとしてしまいます。

難しいと思ったり、混乱したとき、答えを教えてくれる人がいないと、すべて「わからない」と片付けてしまうようになっていきます。

しかし、**答えは自分で創り出すものです。**

「ほかにない？」と問いかけていくことで、子どもは自分の中から答えを引き出す練習を積むことができます。最初はすぐあきらめてしまうかもしれませんが、続けていくことで、徐々に自分の中を見て、答えを探すことができるようになってきます。

自分の中から答えをいくつも編み出すことができれば、困難なことにぶつかったとき、子どもは自分でものごとを解決できるようになります。

自分の考えた方法でうまくいかないことがあっても、解決する方法はひとつではないので、あきらめずにほかの方法を考え、また試してみることができます。

苦手だと思っていたことにも、どんどんチャレンジしていける子どもになるのです。

心得・その5

子どもを混乱させるダブルバインドメッセージ

「答えろ」「答えるな」で板ばさみに

子どもを混乱させ、不安にさせる声かけが、ダブルバインドメッセージです。第2章の①のBの声かけ「勉強しなくてもいいけど、ロクな大人にならないわよ」がそれにあたります。

たとえば、子どもに「なぜいたずらばかりするの?」ときいたとき、どんな答えが返ってくるでしょうか。

子どもがいたずらをするのには、深い理由はありません。ただそれがしたかったからです。しかし、ここで「したかったから」と子どもが答えたら、たいていの親はもっと怒ったりします。

子どもは**質問されたから答えたのに、答えたら怒られた。これが「ダブルバインドメッセージ」です。**

ダブルバインドとは、ダブル＝ふたつ、バインド＝はさまれる、つまり「板ばさみ」という意味の言葉です。

質問をしておいて、答えたら怒る。これは子どもに、「答えろ」「答えるな」というふたつのメッセージを同時に送っていることになります。

子どもは親の態度が理解できず、混乱して動けなくなってしまいます。

ダブルバインドメッセージは強いストレスに

ダブルバインドメッセージは、アメリカのグレゴリー・ベイトソンという行動生理学者の理論です。ベイトソンは自分の愛犬に、おいでおいでをしながら、怖い顔でバットを振り上げるという実験をしました。

犬はしっぽを振って近づいていきますが、怖い顔とバットがあるので、それを見ておびえるそうです。そして、おびえながらその場で固まります。

1日10分ほどこの状態にさらすだけで犬は倒れ、1カ月続けると中型犬では衰弱死を免れないといいます。毛が抜け、胃の中に腫瘍ができて、免疫機能が低下し、ほかにもさまざまなストレス障害が起こってくるのです。

そして、**このようなストレスを、実は私たちも自分の子どもに与えてしまっているのです。**

「お母さん、このケーキ食べていい？」

「食べなさいよ、勝手に！」

この声かけのとき、お母さんは笑顔ではないでしょう。不機嫌そうか、怒っているかのどちらかだと思います。

忙しいときに子どもに話しかけられて、このような態度をとってしまうことは、どのご家庭でもあるのではないでしょうか。

言葉より、態度をメッセージとして受け取る

でも、あなたは同じように言われて、ケーキを食べられますか。どちらにも決められない状態で、ストレスを感じるのではないでしょうか。

子どももこのように言われたら、やはり固まります。どうしたらいいかわからず、動けなくなります。

言葉は「食べなさいよ、勝手に！」ですが、子どもは親の態度から、「食べたら承

知しないわよ」というメッセージも受け取っているからです。

ダブルバインドメッセージでは、子どもは実際の親の言葉より、態度や行動を本当のメッセージとして受け取ります。

つねに親の顔色をうかがう子に

ダブルバインドメッセージを受け取り続ける子どもは、親はなぜこういうメッセージを送るのだろうと、親の本当の気持ちを測ろうとします。そして余計混乱してしまい、心の中に強いストレスを溜め込むことになります。

そして、**親が本当は何を言いたいのかつかみ取ろうとして、つねに親の顔色や機嫌をうかがうようになり、自分の気持ちや考えを抑えつけて、親の気に入るように行動しようとしたりします。**

親以外の人の言葉にも、何か裏のメッセージがあるのではないか、と言葉をそのまま受け取れなくなり、社会に出て人とうまくコミュニケーションを取れなくなる可能性もあるのです。

ダブルバインドメッセージを防ぐために、**親は自分の言葉と、態度や行動を一致させるように心がける必要があります。**

心得・その6

「私メッセージ」を伝える

私はうれしい、私は悲しい、と気持ちを伝える練習を

「人の気持ちがわかる子になりなさい」

私たちは子どもによくこう言います。しかし、〝人の気持ちがわかるように〟と漠然と言われても、子どもはどうすればいいのかわかりません。

本当に人の気持ちがわかる子どもになってほしいなら、人の気持ちがいったいどう動くのかを、親が子どもにきちんと教えていかなければなりません。

私たちはふだん、自分の本当の気持ちをそのまま相手に伝えるようなコミュニケーションを取ることは、あまりありません。特に大人同士では、本音を言わず、表面的な会話で終わってしまうことも多いはずです。

しかし、子どもはこのような会話からは、親の気持ちを感じ取ることができません。

私は、こう思っている。私はうれしい、悲しい。子どもには自分の偽り（いつわ）のない感情を伝えられるよう練習していくことが必要です。

「私メッセージ」の4つのステップ

自分の気持ちを伝えるメッセージを「私メッセージ」といいます。私メッセージでは、自分の気持ちを4つのステップで相手に伝えます。

1 自分がこうしたいと考えていることを伝える（背景・意図）
2 現実に起こったことを、起こったこととして具体的に伝える（事実）
3 今起きている現実で、自分に起きている影響を具体的に話す（影響）
4 自分の心がどうなっているか。悲しい、寂しいといった気持ちだけ伝える（気持ち）

「お父さん、この本を読んでしまいたいんだ（意図）。ただ、テレビの音が（事実）気になって本に集中できなくて（影響）、今、とっても困っているんだ（気持ち）」

このメッセージでは自分がこうしたいと考えていること（本を読んでしまいたい）をまず子どもに伝え、今起きている現実（テレビの音）が、自分にどんな影響を与えていて（集中できない）、それによってどんな気持ちになっているか（困っている）を、ありのまま子どもに伝えています。

「私メッセージ」は命令したり、叱ったりする声かけに比べて、力のないメッセージのように思えますが、**このメッセージは事実と気持ちをそのまま伝えているので、子どもも命令や強制と感じず、受け入れやすいのです。**

「お前がテレビを消さないから、お父さんは本が読めないじゃないか！」と自分のせいにされたり、「テレビを消しなさい！」「本を読んでいるから、あっちへ行きなさい！」とただ命令されてばかりでは、子どもは親に反発するようになってしまいます。

「私メッセージ」では、この4つがすべて揃わなくてはいけないというものではありません。**3の影響と4の気持ちが、しっかりと相手に伝わることを、まず意識してみてください。**

「〇〇だからいい子」はYouメッセージ

「アキちゃんはお手伝いしてくれて、本当にいい子ね」

「よく勉強をがんばっていて、偉いぞ」

このような声かけは、Youメッセージと言います。「私」が主語の「私メッセージ」に対して、「あなた」が主語になるメッセージです。

「あなたは〇〇だから偉い」「〇〇だからいい子」という声かけは、子どもにとってうれしいものですし、ほめる子育てを推奨される方もいらっしゃいます。しかし、この声かけには、実は子どもへの「評価」が含まれているのです。「お手伝いするからいい子」「勉強をするから、偉い」。これは、**お手伝いをしなかったり、勉強をしないときのあなたは悪い子と、子どもに伝えているのと同じです。**

「いい子」と言われないと動かない子に……

いい子でいるために、お手伝いをしなくちゃ。勉強をしなくちゃ。これは**一歩間違うと、子どもを脅迫し、コントロールすることになりかねません。**いい子と言われれば動くけれど、そう評価されないところでは動かない。何の見返りもないこと、たとえばボランティアなどで、人や社会に貢献しようとは思わなくなってしまうのです。

「マサシがお手伝いをしてくれたから、今日はお母さん助かったわ。ありがとう」

「ユリがいつも勉強をがんばっているから、お父さんも励まされているんだ。お父さんも仕事がんばるぞ。ありがとうな」

このように**「私メッセージ」で、子どもの行動で自分にどんな影響があり、どんな気持ちになったかを伝えると、子どもは「自分が取った行動が親に影響を与えて、喜んでもらえた」と実感できます。「ほめる」のではなく、「認める」のです。**

心得・その7

親の役割を引き受ける

子どもといるとき「親である」か

本書では望ましい声かけ、望ましくない声かけを取り上げていますが、この言葉をかけるのが正しい、この言葉をかければ必ずこうなる、というものではありません。声のかけ方以前に、**まず「親である」自分ができていることが重要です。**

「男である」「女である」「○○の子どもである」「会社員である」「○○高校の卒業生である」。私たちは親であると同時に、さまざまな顔を持っています。休日に職場から連絡が入ったりすると、子どもと一緒にいても会社員になっていたりするのです。

子どもと一緒にいるとき、「父親」「母親」の自分が創れているか。父親、母親の役割を引き受けているか。

「私は子どもを心から愛している父親(母親)である」。このような状態が創れてい

ると、子どもは親の言葉や態度から、愛情をしっかりと感じ取ることができます。

感情的に叱ってしまうことがあっても、親の愛情をそこから受け取れます。しかし、親としての役割を引き受けていないところからただ叱ると、「うちの親はいちいちうるさい」と反発を感じ、親を親として見なくなってしまうのです。

「友だち親子」でいいか?

「友だち親子」が理想というお父さん、お母さんが増えています。しかし、**子どもに対して仲良しの友だちという状態を創ってしまうと、叱るべきときに叱れなくなります。**友だちには嫌われたくない、だから機嫌をそこねることはできなくなります。

きちんと叱られる経験がなかったり、ルールやマナーを身につけてこなかった子どもは、社会に出てほかの枠組みを持った大人と接したとき、どうしていいかわからなくなってしまいます。先生に怒られたショックで学校へ行けなくなったり、上司に叱責されていきなり会社を辞めてしまう。あるいは、その年齢なら当然身につけているような社会のルールやマナーを知らなくて、ひんしゅくを買ってしまう。

今の若者は何を考えているかわからないと言われますが、その原因のひとつに、親が親としての自覚を持てずにいることがあるのです。

心得・その8

怒る前に、ひと呼吸置く

怒りは「第二感情」

「なんでこんなことするの！　だめじゃないの！」

私たちはこのように、かっとなって子どもに言葉を投げつけてしまうことが、しばしばあります。

怒りの感情は、第二感情といわれています。怒りの前には、びっくりした、悲しかった、ショックを受けた。そうした心の動きがまず先にあるのですが、動揺したり、心がかき乱されたとき、ひっくり返って怒りの形で出てくるのです。

しかし、**本当の気持ちである第一感情は、スローモーションのようにしないと、自分でもはっきりわかりません。**怒りの感情が瞬間湯沸し器のように出てしまうことが多いからです。

この第二感情の怒りをいきなりぶつけられると、相手はなぜ怒られたのかわからず自分が否定されたと感じてしまいます。

落ち着いてから、本当の気持ちを伝える

怒りをぶつける前に、ひと呼吸置くこと。**頭に血が上っているなと思ったら、心得・その2でお伝えしたように、自分の状態を外側から、客観的に眺めてみるのです。**

たとえば、小さい子が包丁を持って走り回っていたら、包丁を取り上げて、「だめじゃないか！」ととっさにどなってしまう親がほとんどのはずです。子どもは最初何が起きたか理解できず、声を上げて泣き出すかもしれません。

まず、子どもから危険を取り除くこと。そして自分の気持ちが落ち着いてから、「お父さん（お母さん）は実はさっきびっくりした。危ないと思ったから、どなってしまった」と本当の気持ち、第一感情を伝えます。

「お前には絶対けがをしてほしくないし、もし転んで包丁が刺さって痛い思いをしたり、お前が死んでもう会えなくなったら、本当にお父さん（お母さん）気が狂うほど悲しい思いをするよ。わかる？」

このように、**怒りという第二感情を先に子どもにぶつけてしまったなら、あとでそ**

れをカバーすることが大切です。

子どもはなぜ怒られたかわからないし、怖いという不安な気持ちを抱えています。親が怒った原因がわからなければ、親は自分のことが嫌いだからどなるんだ、自分を責めているんだと、子どもの中でどんどん不安が膨(ふく)らんでしまいます。

第一感情をしっかりと子どもに伝えることで、子どもは親がなぜどなったのか、その背景を理解することができます。

親は自分を愛しているから、心配していたから、どなってしまったのだとわかれば、子どもは安心することができます。

なぜ怒ってしまったのか、自分に問いかける

自分の第一感情を感じるには、どなったあとで自分の中を探ってみることです。

怒りを感じた途端、最初にあった第一感情は一瞬で吹き飛んでしまっていますが、なぜ怒りを感じたのか？　を自分の中に問いかけることを、続けてみてください。

たとえば、「なんでこんなことするの！　だめじゃないの！」とどなってしまった

とき、先にどんな感情があったのか。
子どもの泣き声がするので、あわてて飛んでいったら、お兄ちゃんが妹の髪の毛を引っ張っていた。泣いている妹を見て、思わずお兄ちゃんにどなってしまった。
兄妹仲良くしてほしいと思っているのに、お兄ちゃんが妹をいじめていることに驚き、残念な気持ちがして（第一感情）、その裏返しでお兄ちゃんに第二感情の怒りが出てきてしまった。
このように、自分の感情がどう動いたかを感じてみるのです。

ありのままに伝えれば、ちゃんと理解する

「お母さんは、ふたりに仲良くしてほしいと思っているの。それで、悲しくなって、びっくりしてお兄ちゃんを怒ってしまったの。髪の毛を引っ張ったらサヤちゃんは痛いでしょう？　そういうことは、お兄ちゃんやらないでね」
心の動きをありのまま伝えると、子どもはちゃんと理解します。そして、**子どももかっとなったり、感情を爆発させてしまったとき、最初の自分の気持ちを探れるようになります。そして、それを言葉で相手にしっかりと伝えられるようになるのです。**

心得・その9

現実に「ある」ことと、「ない」ことを分ける

見てもいないのに「買い食いしたでしょ！」

繰り返しお伝えしたように、私たちはふだんさまざまな思い込みから、子どもに声をかけています。そして、子どもの話も、自分が聴きたいように聴いています。

思い込みの枠がはまっていると、目の前にある「現実」が見えなくなります。「現実」にないいろいろな想像をしたり、勝手な解釈をしたり、実際にはないことで悩んだり、心配ごとをつくりだしてしまうのです。

たとえば、子どもが「今日は晩ご飯を食べたくない」とあなたに言ったとしたら、あなたは子どもにどんな声をかけますか。

「また買い食いしたでしょ！」。これは親の見た「現実」ではありません。子どもが

買い食いをしたのかどうかは、子どもの言葉からはわかりません。

「どこか具合が悪いの？　大丈夫なの？」。ご飯はいらないと言われれば、親としては心配になってしまうでしょう。でも、子どもは、具合が悪いとは言っていません。

ある「現実」だけを見て

このように、ふだん私たちが「現実」と思い込んでいるものは、想像していることや解釈していることであることが多いのです。私たちはただあったことをありのままに見ることが、なかなかできないのです。

ふだんから「現実」と「想像・解釈」を分けて考えられるようになれば、自分の中に思い込みの枠をつくりにくくなります。現実だけを見てものごとを判断するので、人とのコミュニケーションで誤解を生まなくなり、結果が現れるのが早くなります。

何が実際にある「現実」で、何がない「想像・解釈」なのか。自分で話しながら分けていくようにすると、次第にあることに基づいたコミュニケーションができるようになってきます。

そして、現実にはないことで悩んだり、心配することから次第に解放されていくのです。

心得・その10

完璧な親になろうとしない

どうか、がんばりすぎないで

子育てには、「絶対こうすべき」「これが正解」というものはありません。

「もう何歳だから○○できていないと」「普通は○○のはずなのに、うちの子は…」**「普通は」とか「もう何歳だから」というのは、「思い込み」であり、現実にはないことです。**わが子の育ち方と、ほかの子どもの育ち方は同じでなくてもいいのです。わが子はわが子の速度で、しっかり育っています。

私たちは、子育ての結果を自分の評価と受け止めてしまいがちです。「評価」で自分をしばり、できていないことに悩み、子育てがつらくなってしまうのです。

本書では子どもを伸ばす声かけについて具体例をあげていますが、すべてそのとおりにやらなければいけない、というわけではありません。お子さんに合わせて、少しずつ取り入れていただければ、それでいいのです。

真面目(まじめ)な人ほど、こうであらねばならない、こうすべき、という枠を自分で自分にはめて、自分を許せなくなって、もっともっとがんばってしまいがちです。**どうかがんばりすぎないでください。親は完璧でなくてもいいのです。**

できない自分を許して

自分が許せなくなったときには、まず、「イライラして、毎日怒ってばかりいる」「ほかの子とつい比べてしまう」など、自分の許せないことを、できるだけ書き出してみましょう。そして、書き出したものをひとつひとつ見て、それがあってもいいと許せるかどうかを自分に問いかけてみます。

それでもやはり許せないと感じているものを、さらにじっくり見て、『そのことを許せない』としている自分も許せるか」、問いかけてみる。最後に、許せない自分が許せなくても、理想とは違う自分がいても、それが現実だから、あってもいいと許す。

できない自分を許し、受け入れられるようになると、子どもやほかの人も同じように許し、受け入れられるようになります。そして、その親を見て、子どもも自分を許し、受け入れることを学んでいけるのです。

＊あとがき＊

いきなりですが、今この本を手に取ってくださったあなたに、心から御礼を申し上げるとともに、実はぜひともお願いしたいことがひとつあるのです。

私は、「コーチングをはじめとした、人を力づけ、機能するコミュニケーションを日本の文化にする」ことを意図して活動しています。企業や自治体、医療、介護、教育などあらゆる分野の方々に、役立つコミュニケーションのセンスを伝えるために、多くの仲間たちと日々全国を飛びまわってお話ししています。

ただ、いつも思うことは、これは次の世代を左右する子どもの教育の分野にこそ必要なものであり、その最も大切な時期に一番深くかかわるご両親と先生方に、一番このセンスを届けたい。にもかかわらず、先生方にはその余裕がなく、ご両親にも、時間と経済的理由などから学ぶ機会が創れていないことが、何よりも残念なことだったのです。

今求められている親子のコミュニケーションは、子どものご機嫌のとり方でも、親の言うなりの子どもにすることでもありません。日々のかかわりの中で、子どもは自分で考え行動し、親も子どもから学んでいく、双方が成長していける創造的で豊かなコミュニケーションであるべきなのです。

それを可能にするコミュニケーションのスキルのひとつが「コーチング」です。企業などでも部下が自分で問題解決していけるように、医療や介護などでも患者が自ら主体性を持って取り組むように、「コーチング」がどんどん使われるようになっています。そしてどちらも自立と成長を創り出すものです。

この本ではあえて、「コーチング」と銘打ってはいませんが、コーチングを基礎としたスキルがちりばめられています。具体例としてあげられているものは、私の講座の参加者の皆さんの体験を元にしています。

そこで、お願いというのは、この本を単にノウハウ書として終わらせたくないということなのです。会話の中で実際に試していただきたいのはもちろんですが、そこから先が大切なのです。人には、Ｂｅ（ある・あり方）・Ｄｏ（する・行動・やり方）・Ｈａｖｅ（もつ・結果）の3つの側面があるといわれています。ノウハウ書は、どうしたらいいか（Ｈｏｗ　Ｔｏ　Ｄｏ）つまりＤｏが書いてあるわけですが、大切なのは、Ｂｅ（あり方）です。いくら接客ノウハウどおりに丁寧に深々と90度に頭を下げて「ありがとうございます」と言っても、お客様への感謝の気持ちがなければどこか伝わらないのと同じことです。ましてや、子どもはとても敏感です。言っている言葉よりもそのあり方を強く感じています。

この本で述べている「言い方」ではなく、この場面でこう言える親は、子どものどこを見て、どんな立ち位置で、何を感じて、伝えようとしているのだろう。そんな「あり方」を探ってみてほしいのです。同じ言葉を言っても、子どもが反応するときとしないときがあるでしょう。そんなとき自分の「あり方」がどうだったのか、振り返っていただきたいのです。すると、だんだん自転車に転ばずに乗れるようになるのと同じように、どのようなときでも適切なコミュニケーションでかかわれるセンスが身につくのです。そして、一度乗れるようになったら、多少道がでこぼこしていても段差があっても、あなたのスタイルで自然に臨機応変に通っていけるようになります。ノウハウが要らなくなってはじめて身についたと言えます。ぜひそこまで行っていただきたいのです。それが私からのお願いです。

最後に、この出版にあたってたくさんの方々にお世話になりました。この本も皆さんの力づけで創られています。心から感謝を申し上げます。

さあ次です。

２００７年初夏　　　　　　　　　　　　　　　　岸　英光

〈著者略歴〉
岸　英光（きし・ひでみつ）
1963年3月東京生まれ。千葉大学卒業後、帝人（株）にてマーケティング企画・技術開発・営業・システム開発などを手がけると同時に、最新のコミュニケーション・各種能力開発などのトレーニングに参加。1992年に独立後、世界都市博覧会、アフリカ日本協議会設立、同国際シンポジウムなどさまざまなプロジェクトを手がける。
その一方、日本人に欠けている本質的なコミュニケーションを探究から引き出す各種プログラムは、企業研修、講演（年間総数500回以上）、執筆活動など様々な分野にわたり、個人、組織のパラダイムシフトに関して卓越したリーダーとして活動している。著書に『エンパワーメント・コミュニケーション』『コーチング・センスが身につくスキル』（以上、あさ出版）、『あなたの熱意はなぜ伝わらないのか』（かんき出版）、『最強リーダーのパーフェクト・コーチング』（監修，PHP研究所）、『恋愛コーチング』（監修，総合法令出版）、『子どもを伸ばす共育コーチング』（監修，つげ書房新社）など、DVDに『「ザ・Coach」～君はコーチングの本質を知っているか！～』（出演・監修，YMRプロジェクト）などがある。
【岸事務所】 http://www.communication.ne.jp/

装　丁／渡邊民人
装　画／コイヌマユキ
本文イラスト／高橋陽子
本文デザイン／しば牧子
企画・取材・執筆協力／双木かおり
企画・編集／榎本康子

ご協力いただいた方々（敬称略）
浅田昌代、井上亜希、岩本悠、内田敬士、大塚和宏、笠井智美、鴨林由明、唐澤良充、熊本優美、小浜輝彦、斎藤蘭子、千坂純江、前田京子、南昌江、山田美智江、余田史子、松本真紀子、土井英里圭、石川尚子、ネットワークのすべての方々と妻と子どもたち

子どもの可能性を伸ばす言葉、つみとる言葉
心をひらき、力を引き出す問いかけ

2007年6月27日　第1版第1刷発行

著　者　岸　英光
発行者　江口克彦
発行所　PHP研究所
東京本部　〒102-8331　千代田区三番町3-10
生活文化出版部　☎03-3239-6227（編集）
普及一部　☎03-3239-6233（販売）
京都本部　〒601-8411　京都市南区西九条北ノ内町11
PHP INTERFACE　http://www.php.co.jp/
印刷所　株式会社精興社
製本所　株式会社大進堂

ISBN978-4-569-69229-6

DOGS OF WAR

Dr Ernest A. Gray, a graduate of Trinity College, Cambridge, was a veterinary surgeon. His previous books included *By Candlelight*, a biography of the pioneering work of Dr Arthur Hill Hassall into cholera in Victorian England, and *Trumpet of Glory*, the biography of John Shipp, the first veterinary surgeon to join the British Army. Dr Gray lived in Cambridge. He died in 1989, shortly before the book went to press.

ARMS AND THE DOG

WE bivouacked in an April wood,
  Brewed up, and rolled our blankets out
To lie in silent company
Drinking the sweet enchanted tea
  Old soldiers dream about.

When, caught against the sunken fire,
  His ember-kindled eyes aglow,
Came that sad sycophantic hound
Who's immemorially bound
  To go where soldiers go.

I know him well. His myriad breed
  Are old and tried campaigning friends
Who've shared a hundred camps with me
From leaguers deep in Germany
  To Terrier week-ends.

And as he fussed with flattened ears
  Then crawled across to lick my hand
I took the dues his tribe have paid
In homage to the soldier's trade
  Since first they knew command.

He comes of that same lineage
  Which shared the shadowed blanket-arc
With men-at-arms and musketeers
Condottieri, cuirassiers,
  In his ancestral dark.

And this he knew; for, honours done
  And ceremonials complete,
He sighed like one who'd travelled far
Down endless centuries of war
  And slept across my feet.

This page was published by *Punch* 7 May, 1952.
Poem by Robert Chaloner

Dogs of War

Ernest A. Gray

ROBERT HALE · LONDON

First published in Great Britain 1989

Robert Hale Limited
Clerkenwell House
Clerkenwell Green
London EC1R 0HT

British Library Cataloguing in Publication Data

Gray, Ernest A.
Dogs of war.
1. Warfare. Role, history, of livestock. Dogs
I. Title
355.2

ISBN 0-7090-3889-5

Photoset in North Wales by
Derek Doyle & Associates, Mold, Clwyd.
Printed in Great Britain by
St Edmundsbury Press Ltd, Bury St Edmunds, Suffolk.
Bound by WBC Bookbinders Limited.

Contents

Illustrations

Picture Credits

Punch: Frontispiece; National Army Museum: 1, 6, 9, 10; British Museum: 2; RAVC: 3, 35, 36, 37, 38, 41, 43, 45, 48; *Illustrated London News* Picture Library: 12; Sergeant Bill Adams: 27, 29, 30, 31, 32; Imperial War Museum: 18, 19, 34; Blue Cross: 21; US Coastguard: 23, 33; US Army: 24, 39; National Canine Defence League: 28; Royal Air Force Dog Training Centre: 42, 44, 46; Mary Evans Picture Library: 4, 5, 7, 8, 13, 15, 16, 19, 22, 23, 24, 25, 33, 39, 47; RSPCA: 17, 20, 26; Hong Kong Defence Animal Support Unit, RAVC: 40; A. Wilbur (artist): 14; Ministry of Defence: 11

Acknowledgements

I was privileged to visit the Army Dog Training School at Melton Mowbray and the RAF Police Dog Centre at Newton, Nottinghamshire, as guest respectively of Brigadier Geoffrey Durrant, MBE, Director of the Army Veterinary and Remount Services, and Air Commodore George Winch, FBIM, Director of Security, RAF. My Newton visit was memorable for a splendid display by a team of acrobatic dogs. The Brigadier and the Commodore liberally supplied illustrations, their copyright reserved by the Ministry of Defence, and the Brigadier read the manuscript of the book after it was read by Colonel John Hickman, FRCVS (retired), and corrected some mistakes and amended certain passages which were misleading. I am very grateful to Sergeant Bill Adams, a dog-handler in World War Two for unique photographs of his wartime experiences. Also I would like to thank James Coombe, photographer to the Blue Cross Animal Welfare Society, for an exact copy of the society's famous painting of a wounded poilu of 1917 approaching one of the Society's ambulances with his wounded dog. It would be difficult to praise effectively the unstinting help throughout the writing of the book from Olive Martyn, librarian of the RSPCA library at Horsham, Sussex.

Writing this book has renewed my past professional contacts with the RSPCA from long ago when I used euflavine and crystal violet. In the present circumstances, in the person of Olive Martyn, the society could not have been more helpful, finding old photographs and permitting me to quote freely from reports which are deeply impressive by their record of its tireless efforts despite rising costs to protect animals in peace and war all over the world.

Fortunately for me, Sarah James, who typed the manuscript so well, is a countrywoman whose sympathy with the theme proved of assistance in deciphering my cryptic handwriting. Mary Evans also proved of immense help. Her famous picture library concentrates on hundreds of dogs in the files and illustrating a representative collection of books, and I thank her for pictures drawn from her collection which form about a third of the total number. Mrs Marion Harding of the Photographic Department of the National Army Museum again gave great assistance as on the previous occasion when I was writing *The Trumpet of Glory*.

I must also thank A.S. Spencer, Assistant Keeper of Egyptian Antiquities at the British Museum, for the excellent photos of a mummified dog and jackal. I must certainly not forget to thank most gratefully the publishers who granted permission to quote extracts from their publications: *Punch: Elegy on the Death of Bingo Our Trench Dog*; Trustees of the Imperial War Museum: extracts from the papers of Major A.S. Waley; Heinemann: *The Turkish Trench Dog*; RAVC: Lecture by Lt. Col. J. Bleby; Weidenfeld & Nicolson: *Table Talk*; Souvenir Press: *The Wolf*; Blackwood: *War, Police and Watch Dogs*; Century Hutchinson: *British War Dogs, Forty Years with Dogs, Dog Encyclopaedia*; Winchester Publications: *They Also Serve*; George Ronald: *Dogs That Serve*; the *Neva; Glasgow Herald* and *Spanish Army Review*.

The Rabies Reports are quoted by express permission of the Director Animal Health Division, Ministry of Agriculture. William Adams' article and photographs are reproduced by kind permission of Our Dogs Publishing Co. Ltd, which produces the Crufts Official Souvenir and

Show Guide for Crufts Dog Show, in association with the Crufts Official Souvenir Company. Every effort has been made to trace copyright holders, but I apologise to any whose names are omitted, trusting that they will notify me or the publishers so that my omission can be corrected in any future editions.

> If the publication of the present work should throw some additional light on the good qualities of this noble animal; if it should enable us to derive more advantage from the services that he can render – to train him more expeditiously and fully for the discharge of those services – to protect him from the abuses to which he is exposed, and to mitigate or remove some of the diseases which his connection with man has entailed upon him; if any of these purposes be accomplished, we shall derive considerable 'useful knowledge' as well as pleasure from the perusal of the present volume.
>
> William Youatt, *The Dog*, 1845

> Written under the superintendence of the Society for the Diffusion of Useful Knowledge.

To
My Cousin
Mrs Eileen Earp JP
The Good Companion
who also thought she heard
on the wind the massed French
bands at Waterloo

Foreword

by Brigadier G.R. Durrant MBE QHVS
Director Army Veterinary and Remount Services

The dog has been man's loyal and close companion since the dawn of history and as such has rendered faithful service in peace and war. It is surprising, therefore, that in the extensive canine literature, relatively little attention has been paid to the role of the dog in war. It was an infantry officer, Lieutenant Colonel E.H. Richardson of The Sherwood Foresters, who in England, prior to and during World War One, first placed the training and deployment of dogs for military purposes on a systematic basis.

While mechanization and the changing nature of modern warfare have rendered the cavalry horse redundant this has not proved so with the dog. His special qualities have rendered him particularly suitable for deployment in a wide variety of military situations. Nowhere is this more so than in that sphere described as 'low-intensity operations'. Almost all modern armies now employ large numbers of dogs: the result is a considerable saving in manpower and an enhancement of security. In a violent world the dog takes only one side, that of his master. Dog lovers will be in debt to Dr Ernest Gray for this interesting work which pays justifiable tribute to man's oldest friend who, with such unswerving and unchanging devotion, continues to serve him and protect him from his foes.

Aldershot, April 1989

Drummer from the Irish Guards with a wolfhound mascot,
c. 1910

Introduction

Buffon, the eighteenth-century French naturalist and philosopher, may very well have been right when he suggested that the taming of the dog seems to have been the first art invented by man. The bond between man and dog, the most dramatic in the history of life on earth, was certainly forged early in man's history. That special bond has been maintained through the centuries and is as strong today as when the first dog was tamed. The binding ties of trust and friendship that exist between dog and man have had many advantages, one of which was, and continues to be, canine service during wartime.

Some of the earliest remains of a domesticated dog of the late Palaeolithic period, i.e. Old Stone Age (*c.* 10,000 BC), have been found at Palegawra in Iraq.

In Britain, barks of welcome borne on the icy breath of glaciers echoed for the first time down the centuries that closed the Old Stone Age and ushered in the succeeding Mesolithic epoch.

Fragments of the jaw and cranium of a domesticated dog – the eternal watch dog – who guarded the spring and winter camps of early Mesolithic hunters (*c.* 7600 BC) have been found at Starr Carr in the Vale of Pickering.

Man's best friend therefore preceded the introduction of domesticated cattle, sheep and pigs into Britain by some 3000 years. His constant companion, the dog, was the first domesticated animal to come to Britain's shores, no more in fact than would be expected, and returned with the

Neolithic farmers of the 'Age of Polished Stone' who crossed the Channel to Britain before 3000 BC.

A dog resembling a large fox terrier shepherded their flocks and herds, which Jenny, my Jack Russell bitch, might claim as a very remote ancestor; for it would be as impossible to disprove as to prove. She gazes at me with her large expressive eyes, and I wonder whose were the eyes that gazed at the master all those centuries ago.

Bands of early man roamed across Europe, trailing the vast game herds in the wake of the retreating ice, scuffling murderously with earlier arrivals, the Aurignacians fled to the caves of the Pyrenees on the arrival of the Solutrean hunters, and the golden age of dogs dawned in the Nile Delta. It lasted for 3000 years. Never since has the dog been so universally venerated for so many uneventful centuries.

Every year, with a fidelity worthy of a dog, the Dogstar Sirius (which the Egyptians called Sothos) rose in the sky at the time the Nile, swollen by the melting snows of Abyssinia, overflowed its banks. Rich harvests of corn and cotton sprang from the silt deposited as it subsided. A calendar that began on 17 June when the inundation was at its height was devised by mathematicians of the Old Stone Age settlers in the Delta; the Romans adjusted it, and with subsequent refinements it is still in use today all over the world.

The jackal, a member of the dog tribe smaller than the wolf, although closely related, is a native of Egypt. The Egyptian species is the largest, standing about sixteen inches high at the shoulder and being various shades of brown in colour.

The dog was universally worshipped, and three canine deities figure prominently among the crowded pantheon of Egyptian divinities. Anubis, the jackal-headed 'opener of the ways', was sent down by Ra, king of the gods, to lead the soul before Osiris, 'supreme judge of the dead'.

Mummies of a dog and a jackal from Ancient Egypt

Hapi with a dog's head and Duamûtef with a jackal's head were two sons of Osiris, who guarded the canopic jars containing respectively the small intestines and the lungs and heart removed from the body of a mummy.

Anubis, often taking the earthly form of a lean black hound, was one of the oldest and most revered of Egyptian gods, the guardian of the dog, of mummification and the resting places of the dead. Sometimes depicted with a jackal's head, Anubis was 'the opener-of-the-Ways' who led the souls of the dead into the Judgement Hall.

Herodotus discovered that in Egypt when the family dog died the household shaved their heads in mourning, while one found dead on the highway must be returned to its own city for burial.

Ancient tradition has credited Egypt with the origin of geometry, and Pythagoras studied at Heliopolis, or 'On' as the Egyptians called it, which was the Oxford of ancient Egypt for thirty centuries. Plato, Eudoxus and Euclid were among other notable visitors who stayed for a while to listen to what the professors taught. On his return Pythagoras founded a school at Crotona in southern Italy, *c.* 529 BC, where he taught the Egyptian belief in the transmigration of souls; that when a man died his spirit passed into an animal. Thus he had a dog held to the mouth of a dying disciple in order that it might receive his departing soul; for naturally a dog was the best guardian of his virtues.

On the debit side, the love-hate attitude of Jews towards the dog may spring from its worship by their captors during their exile in Egypt.

At least four breeds of dog existed in Egypt by the time of the New Kingdom 1575-1085 BC, and the actual number of varieties ran to something like a dozen. These ranged from a small breed resembling a dachshund to a famous general-purpose breed resembling the modern greyhound, and a large creature of mastiff type was the result of crossing native breeds derived from jackals with hounds from Asia Minor or Europe bred from wolves.

Packs of the greyhound variety forever stream in full cry across the frescoes and dadoes of palaces and temples, sometimes hallooed on by Pharaohs. They are depicted hunting quarry by sight not scent across grassy plains which have withered long ago to deserts.

The Aryan races were also great dog lovers, and believed that a dog accompanied the departing soul on its journey to heaven, as companion and guardian. Often they brought a dog into a death chamber, to comfort the dying person by sight of the creature, one of whose race would keep him from loneliness during his journey into the unknown.

In Greece the famous hound of Sparta was almost as widely renowned as the Molossus. The Spartan hound resembled the Egyptian hunting dog but tracked its quarry by scent, not sight. The Molossus, or Molossian, so-called after the district in Ephesus where it was first bred, was prized the world over for its courage and devotion to its master. One so distinguished itself fighting beside its master at Marathon, that they were buried together in the same tomb and the dog's effigy placed beside that of its master on the memorial tablet.

The Greeks built Cynopolis, 'City of Dogs', in honour of the species, so numerous were the carefully preserved mummies of dogs to be found there and the solemn festivals held to worship them.

In Ethiopia a dog was elected king and attended by guards and courtiers.

It is not surprising that for centuries the origins of the dog were disputed, and were thought to have derived from those of a wolf, or a jackal. The film *Brother to the Wind* and Farley Mowatt's book *Never Cry Wolf* reveal how easily a wolf may be tamed. Konrad Lorenz, however, favours the jackal; while as another alternative Hugo van Lewick relates in *Solo*, the engrossing story of a deserted pup of the African wild dog who became a household pet.

John Hunter, the great eighteenth-century surgeon and biologist, who is regarded as the founder of an organized veterinary profession in England read a paper to the Royal Society in 1787 on the identity of the wolf, the jackal and the dog. He mentions that the first instance of a dog and a wolf breeding in this country was in 1776. One bitch puppy was acquired by Lord Clanbrassil and one was given to Hunter. It had a sad story: 'Its actions were not truly those of a dog,' he relates, 'it had more quickness of attention, being more easily startled, not so ready to the call, less docile. From these peculiarities it lost its life, being killed in the streets for a mad dog.' Later he learnt that the other bitch had died and was buried in the garden of Wilton House, under the following inscription by Lord Pembroke's orders:

Here lies Lupa
Whose grandmother was a wolf
Whose father and grandfather were dogs and whose
mother was half wolf and half dog. She died
On the 16th October 1782
Aged 12 years

The origin of the dog presented no problem to the arrogant Victorian, who found irrefutable proof in the book of Genesis that the dog was simply created to be his servant 'whose honest heart is still his master's own'. Climate and cross-breeding then diversified the descendants of the original animal. Among examples of the influence of climate, Youatt quotes, in his book *The Dog*, the case of the valorous bulldog of northern climes being an arrogant coward when in India.

There seems little doubt today that all domesticated dogs are descended from the common wolf of the north, discrepancy of size (for example between Pomeranian and bloodhound) accounted for by mutations, 'sports'.

Seldom has the adage 'Give a dog a bad name and hang it' been more grimly exemplified than by the wolf, the ancestor of the domesticated dog. It is a doomed species; vanishing like the North American Indian, condemned by lurid tales few of which are true in fact. As Erik Zimen says, 'What was the most wide-spread of all mammals is now confined to a small portion of its original territory and here too its persecution continues.' Most hideously by wholesale poisoning. Meanwhile the dogs, their descendants, inherit the earth and are possibly the most numerous mammals on earth today.

If the dog was not specifically created to be man's assistant it is remarkable that evolution had populated the world with an animal of exceptionally high intelligence and sociability when early man sorely required a friend in a hostile world.

Wolf, jackals and wild dog are all gregarious animals which hunt in pairs or in packs as wolves do in the winter. A pack leader is chosen, sometimes for life, and the psychology of the trio is geared to accept a leader. Lost is the unhappy wretch denied one. Stray dogs desperately attach themselves to a new master, or a puppy obstinately haunts the man of its choice, as did *Jock of the Bushveldt*.

To the homeless exile from a pack, man, too often the irascible God of the Old Testament, appears as the glorious saviour of the Gospels, the pack leader above all others.

Captain Curtis RN related how at the time of the Zanthium expedition in 1844 stray dogs befriended by sailors hung about starving on the shore after they returned to their ships, gazing hopelessly out to sea as bereft as the disciples gazing at the clouds where the Lord had vanished. One was so desperate it swam out to the fleet and, in response to an appeal from the lower deck, was taken aboard as a pet. None was so fortunate among the pack the British mission to Russian 1919 deserted on the quay-side when they sailed for home. The dogs ought to have been quietly put down, their friendship granted the inestimable boon of painless release from their misery.

Animals can never be expected to understand why man deserts them. In the wild it is different, suffering is short, weakly pups left behind a pack are snapped up by prowling predators, as are sick or injured adults. Those man befriends must be adopted for the term of their natural lives or not at all. They will transfer their devotion to a second master but seldom if ever return to the wild of their own choice.

Cuvier, the eminent eighteenth-century zoologist and statesman, relates the story of a young wolf devoted to its master twice sent to a menagerie during his prolonged absence, in one instance for three years. 'Twice the long-remembered voice was greeted with impatient cries, after a third separation he grew morose and gloomy and often manifested to his keepers the original ferocity of his species.'

Man had to learn many lessons in canine psychology when he and wolf or jackal first struck up a partnership. Not least that the happy dog is the dog fully occupied, whose days like those of the shepherd's dog are filled by interesting work calling for their fullest co-operation. Dogs do love plenty going on, the boredom suffered by a household pet, well-fed and housed, but never taken anywhere doesn't bear thinking about.

From the earliest years of the association between men and dogs, dogs have been put to work by men. This situation is mutally beneficial as dogs so thoroughly enjoy being busy, particularly if this involves helping the pack leader, man. The traditional roles of guard dog, tracker dog and messenger have even greater value in wartime.

A Ministry of Defence police dog team demonstrate their prowess

The advantages of using faithful animals as allies are numerous: dogs are able to go where humans cannot; dogs can track wounded people by using their keen sense of smell; similarly they can trace spies, hidden enemies and mines; they can act as effective guards as many humans are terrified by ferocious dogs (a fact exploited by present-day police forces).

Dogs are the most suitable animal for employment in such cases because of their natural aptitude for work, their faithfulness to one master and their natural attributes such as speed and acute powers of smell.

The roles of dogs during wartime have been varied and numerous.

Firstly, their most immediate and passive role has been as a friend and comforter to man in his times of hardship.

Possibly a Regimental mascot. Note corporal tattoo and number

Many pet and mascot dogs were taken to war for just this purpose, and in most cases have been responsible for boosting low morale and therefore bolstering human courage and performance. This service has been greatly underestimated when the canine contribution to war effort has been considered in the past and has perhaps had the most impact of all the various roles played by dogs in war. These dogs are described as *dogs at war*.

Dogs of war have far more specific and obvious roles to play. In a lecture given in 1889, E.E. Bennett of the Army Veterinary Department divided the use to which dogs of war were put into five categories. These categories are still relevant today. His remarkable foresight was honoured by a centenary lecture given by Lt. Col. J. Bleby RAVC in March 1989.

Auxiliary Sentinels
Here Bennett is referring to guard, security, police and watch dogs either in a static or a mobile sentry role. These dogs are invaluable in alerting human guards to the presence of intruders and seeking to frighten them off. In modern times about ninety per cent of British military dogs are used in this capacity.

Scouts
These dogs enable troops to move safely in occupied territory, either for reconnaissance or on tactical moves. It was not until the second half of this century that this use of dogs really came into its own, as previous wars were static and did not require the degree of mobility needed later on. Particularly operations in Korea and Malaya were those which exploited the special benefits of patrol dogs.

Messenger Dogs
It was the static nature of World War One operations which prompted the development of messenger dogs: dogs trained to carry messages from one trench to another.

Carriers
This use of dog-power was less common, as their particular skills were normally found to be more useful elsewhere. Some dogs, however, were used as ammunition carriers and some were known to have pulled carts and stretchers.

Dogs working with the Red Cross during World War One

Searchers

These were also known as ambulance dogs, Red Cross dogs and casualty detection dogs, and are necessary in both mobile and static warfare. This role perhaps more than any other symbolizes the unique relationship between man and dog – the companion in time of need.

The dog's keen sense of smell was also utilized for mine detection during World War Two and in many cases for searching out enemy spies and tracking human scent.

We can now employ military dogs to detect arms, ammunition, explosives, drugs and even forensic evidence, depending on the training they receive.

As warfare has become more complicated and technical, the uses to which dogs can be put have accordingly become more specialized and numerous. They are now, more than ever, an essential force in modern warfare.

1 The History of Dogs of War

'Biddy' the dog who accompanied the Chitral field force, 1895, together with the miniature campaign medal she was awarded

1 The History of Dogs of War

At first employed as watch dogs, war dogs did not appear until settled civilizations were established. In his book, *British War Dogs*, Colonel Richardson, of whom more later, remarks, 'The centuries have been sweeping on with all their progress and inventions, but the necessity for watch dogs is as great today as in the days of the Egyptian kings thousands of years ago.' The Pharaohs possessed both watch dogs and war dogs, but many thousands of years before they ruled in Egypt, a watch dog guarded the cave of Old Stone Age man. For guarding shrines and temple gateways the surly mastiff breed was the watch dog supreme.

When Thothmes III, 'The Conqueror', extended the frontiers of Egypt into Asia Minor, novel large breeds of dogs were encountered around the shores of the Caspian Sea, and the Mediterranean became an Egyptian lake whose argosies introduced other large dogs from Crete and Europe.

At Heliopolis Thothmes set up the red granite obelisk weighing 180 tons (the so-called Cleopatra's Needle now standing on the Embankment) as a dwelling for one of the spirits of the sun god. It was a thousand years old and already ancient when she saw it, and possibly had it moved to Alexandria where it was found, later to be moved to London. Its present position close to where Scott's *Discovery* is moored is a happy conjunction reminding us of early voyages of exploration that discovered new varieties of dogs.

Egyptian dog drawings from the tombs at Beni Hassan, XIIth Dynast

N° XVI.

The bones of the watch dog at Starr Carr guard the camp through all eternity for hunters who will never return from the chase, as in Stacpoole's romance *The Chank Shell*, the bones of a mastiff forever guard a treasure ship for a master who will not return; and on Tutankhamen's furniture two Egyptian versions of the Hound of the Baskervilles protected by armoured collars are depicted escorting his chariot. The Egyptian kings of whom Colonel Richardson speaks, adorned their tombs with pictures of trusted canine guardians more loyal than their human associates.

In one of two royal tombs in the cemetery to the west of the pyramid of Cheops, a stone slab is thus inscribed:

> The dog which was the guard of his Majesty. Abuwtiyuw is his name. His Majesty ordered that he be buried ceremoniously, that he be given a coffin from the royal treasury, fine linen in great quantity and incense. His Majesty gave perfume ointment, and ordered that a tomb be built for him by gangs of masons. His Majesty did this in order that the dog might be honoured before the great god Anubis.

Personal guards excepted, the step from watch dog to war dog was not one taken on any large scale by the Pharaohs.

Elsewhere, however, packs of war dogs were loosed at the enemy when armies met, causing great confusion among the cavalry. So greatly was the dog loved and revered by the Egyptians, so much was its image woven into their religion, it must have come as a most demoralizing shock when packs of ferocious hounds accompanied Cambyses, King of Persia, in his conquest of Egypt in 526 BC.

The Persians were great hunters proud of their carefully bred hounds, and Cambyses' war dogs probably resembled, if indeed they were not identical to, the huge Assyrian hounds carved in relief on the gateways and palaces of Babylon.

War dogs wearing spiked collars and chain armour fight beside soldiers on Marcus Aurelius' column in Rome. Colonel Richardson saw a suit of canine armour, comprising body covering and head piece, mounted on a stuffed dog at Madrid.

The Romans made full use of dogs for both offensive and defensive purposes. Invaluable as auxiliary sentinels on city walls and the ramparts of forts, they shared the vigil of the sentry pacing Hadrian's Wall, and guarded granaries and depots not only against human thieves but also wolves and foxes.

As Shakespeare's Anthony says in *Julius Caesar*, 'Cry havoc and let slip the dogs of war'. This may relate to the time when Corinth was said to have been saved by fifty war dogs who attacked and fought the invading enemy while the garrison slept.

Those possessed of notable powers of scent were posted high up in turrets and watch towers to catch on the breeze the stealthy approach of a foe. The famous war dogs of Rhodes distinguished between Turks and Christians and those on the Wall would easily distinguish between Roman and Pict. It has been proved a dog can scent its quarry four miles away.

Aeneas states that dogs were used to carry messages and the Romans might train some for that purpose. On the frontiers of the Empire particularly, where garrisons were isolated, the dogs' early warnings could have meant the difference between life and death. The story that they carried the soldiers pay to them in their mouths is probably apocryphal, however.

Large numbers of dogs were 'on the strength' of the legions, and accompanied them when they marched across the Empire, for instance into the Sahara against the Samarantes, and at any moment might be called on to fight local war dogs. Those of the Cimbrians defended the chariots of their wounded masters during their retreat from the Romans. After the Battle of Versala against the Teutons in 101 BC, the 'blond-haired women of Wagenberg' loosed hordes of vicious dogs at the Romans, as the Consul Marius records. The Roman historian Vegetius refers to mastiff-type dogs the Teutonic tribes used in large numbers against the Romans. Large and powerful animals were particularly sought after and a mastiff native to Britain was greatly prized. A thousand years later, descendants of those same Teutons trained dogs for service with the German Army.

Jesse observes (in *Dogs and Their Masters*, published 1912) that Great Britain was so famous for its mastiffs that the Roman emperors appointed an officer in this island with the title of Procurator Cynegeii whose sole business was to breed and transmit from hence to the amphitheatre such as would prove equal to the combats of the place: *Magnaque taurorum fracturi colla Britanni.*

Packs of war dogs employed as shock troops continued to be widely used through the Dark Ages that followed the fall of Rome.

A manuscript of the eleventh century observes: 'Dogs are trained to savagely bite the enemy, they are coated with mail and carry a brazen vase on their backs, partially filled with a resinous substance, together with a sponge soaked in spirit; the horses of the enemy, thoroughly upset by the bites of these creatures and the burning fire from the vases, flee in disorder.'

Dogs organized in packs of 300 each were employed by the Piedmontese in their mountainous wars of the sixteenth century; and 300 dogs kept at the expense of the city guarded St Malo when it formed a separate republic.

Camerarius states in his book (published 1625), 'that the faithfulnesse of a dog hath been the cause that many have chosen to trust their lives with that beast, and to commit themselves to the good of him rather than of reasonable men .... It may bee that Henry VIII King of England had an eye to this prompt fidelitie when in the armie he sent to the Emperor Charles V against the French King, there were foure hundred souldiers that had charge of the like number of dogs, all of them garnished with good yron collers after the fashion of that country; no man being able to say whether they were to be appointed to be sentinels in the night, or to serve for some stratagem for obtaining victorie ... Strabo saith, the like was practised in old time ... '.

Charles V was delighted when the 400 dogs in their 'yron collers' fought valiantly at the siege of Valencia and drove off the enemy dogs, and held their behaviour up as an example to his Spanish troops. Philip of Spain ordered that the dogs hanging about Mont Philippe and the port of Etoile abandoned by the Austrians should be fed and employed as sentinels and scouts for patrols, and proved of great value in both instances.

In the New World, the Spaniards employed dogs on a considerable scale against the Indians, the bloodhound being first favourite. They drew rations as the soldiers did and proved so useful in Mexico and Peru the King of Spain decreed they must have pensions.

As a tracker dog the bloodhound had no equal. In that respect it was so often attached to armies, or employed by parties of soldiers, it may be mentioned here, although not a war dog in the accepted sense. It was not bred or trained to take an active part in warfare, says Dr Caius of Cambridge University, who published a book on dogs in 1575; it became known as the English bloodhound 'not on account of his thirst for blood but for his pure breeding'. Absurd tales that it possessed uncanny powers of scenting blood flowing from a quarry were nonsense; superb as a tracker, 'Its whole aim was the discovery and persistent following-up of a trail.' Once that was accomplished, the bloodhound had no desire to pull its quarry down.

Various dog sketches, probably by Dr Caius

3

6

9

Dr Caius described the bloodhound of his day 'as the greater sort of hound having lippes of large size and ears of no small length'. Originally it was imported into Gaul from Britain, and a treatise on the subject states that 'from 1220 to 1798 the chief of the Abbey of St Hubert in the Ardennes sent annually to the king of France three couples of St Hubert hounds, which were used in the royal kennels'.

Most authorities seem to be agreed that the bloodhound of today is the direct descendant of the blackhounds called St Huberts of whom the Count le Counteulx wrote: 'the hounds of St Huberts, famous from the eighth century ... were divided into two varieties, the black and the white. The most esteemed was the black variety, and the abbots of the St Huberts Monastery preserved the breed in honour of their founder. They were generally black, running into tan, tan markings over the eye, and feet the same colour, long ears.'

St Huberts were imported into England at the time of the Norman Conquest, quite possibly by William the Conqueror, who was a great huntsman. It is also known that Henri IV of France presented a team of them to James I of England.

A pack of 800 dogs, supposedly bloodhounds, accompanied the army of the Earl of Essex that suppressed the Irish rebellion in the days of the first Elizabeth.

Bloodhounds, locally known as 'slough dogs', and also used to run down fugitive Scotch clansmen, were extensively in demand during the sixteenth and seventeenth centuries to track the notorious 'moss troopers'. In their dull brown clothes, which made them difficult to see at a distance, their raids across the Scottish border became so outrageous that the government ordered a chain of warning beacons to be established, and tracking dogs kept in the various districts to assist the Crown forces.

We read in Nicolson and Burns' *History of the Antiquities of Westmorland and Cumberland*, published in 1777:

> Slough dogs were for pursuing offenders through the sloughs, mosses, and bogs that were not passable but by those acquainted with the various and intricate by-paths and turnings. These offenders were peculiarly styled moss-troopers and the dogs were commonly called blood-hounds; which were kept in use till within the memory of many of our fathers.

On memorable occasions the bloodhounds' quarry was of noble birth. Robert the Bruce escaped only by wading downstream to lose his scent, and they ran down the luckless Duke of Monmouth after the battle of Sedgemoor. In Ireland, Irish chieftains were their prey.

The introduction of firearms did not banish dogs from the battlefield. As numerous as in the past, the Turks chased off Austrian sentries with savage dogs in their campaign of 1770. It was no longer feasible to loose packs of them at an enemy who would blow them away with a volley of musketry before they got within close quarters.

In European wars from about the middle of the seventeenth century there can be distinguished dogs *at* war: favourite hounds their masters took with them on active service; and dogs *of* war: regimental dogs who followed the drum and took a full share in duties as sentinels and guard dogs.

Thus at Waterloo, Dash, a dog at war, a handsome setter brought from his home by Lieutenant William Hay of the 12th Light Dragoons, was killed when the regiment charged to rescue survivors of the Heavy Cavalry Brigade. While another tyke who had followed the regiment from its landing at Lisbon in 1811 through all the Peninsula campaign was also shot.

'Sancho' at the Battle of Salamanca, where he was found exhausted and nearly starved to death at the grave of his master, a French officer

Dash was a favourite of both officers and men, but the rank-and-file would miss the other dog with a sense of personal loss, for he belonged to them all. It is satisfying that he is remembered among the carnage, a humble servant of the dragoons he served so faithfully for four years: 'well done thou good and faithful servant' indeed.

When the valiant Sir Piers Leigh of Lynne Hall, Cheshire, fell wounded at the battle of Agincourt, the story runs that his body was guarded through the long night by the mastiff bitch who had followed him to the war.

'After the Battle of Marengo,' wrote Napoleon in his memoirs, 'I walked over the battlefield and saw among the slain a poodle killed bestowing a last lick upon his dead friend's face. Never had anything on any of my battlefields caused me a like emotion.'

In Landseer's picture *War*, a dying trooper's horse gazes at what close inspection reveals to be a poodle's face, so possibly he had heard the story.

Napoleon's great victory over the Austrians was fought on 14 June, 1800. Over a century earlier Prince Rupert's 'Pudel' was killed at the battle of Marston Moor, 1644. Broadly resembling the poodle Napoleon saw, it was an original German water dog, or 'Pudel', the German word for poodle. It rose to favour in Germany and was carried by the Revolutionary troops into France. Only in later campaigns did it become familiar to the British in the Netherlands and Spain.

Prince Rupert's poodle was a dog at war; and so presumably was the one Napoleon saw at Marengo. Poodles were great favourites in the French Army right down to modern times. Many French soldiers went into battle accompanied by their poodles.

The Young Guard picked up a poodle in Spain, guarding a deserted coach; they made it their regimental mascot and it marched with them across Europe to Moscow. Serjeant Burgoyne, a survivor of the ghastly retreat that followed, saw one of the handful of survivors carrying the dog on his back, but the Cossacks attacked and he crawled under a waggon to hide. When he emerged again there was no sign of Guards or mascot.

Another poodle, Thoutou, is credited with the arrest of several Austrian spies during Napoleon's Italian campaign. Bonaparte wrote to Marshal Marmont saying that a large number of savage dogs should be fastened at a short distance from the Wall of Alexandria for the protection of his men.

After the Battle of Talavera in 1809, General Graham was told of a large poodle that lay on the grave of a Spanish officer and refused food. He gave orders that as

Lt. Col. Watson and dog with a group of officers and soldiers of the 25th, 11th and 3rd regiment, Garrison of Minorca, 1769

many soldiers as proved necessary should secure the dog and carry it away. After a little while he was sent home to Graham of Fintry and lived in Edinburgh. Whenever cannon were fired from the castle to announce another victory, he rushed off to the battery, where he became regularly expected.

The most famous of all poodles that went to war was Moustache, of whom many stories are told. He saved the colours of Austerlitz but was killed at the storming of Badajoz. Buried with full military honours on the field of honour where he fell, a plain stone with the simple inscription, 'Ce git le brave Moustache,' was placed over his grave. However, the Spaniards later broke the stone, and the poor dog's bones were burnt by order of the Inquisition.

The numerous tales recorded of dogs at war and dogs of war in the British Army would fill volumes. Boy the poodle, was killed at Marston Moor, Dash the setter, at Waterloo, while a little fox terrier owned by an officer in the 17th Lancers escaped from his batman, with whom he had been left, and rushed off after his master when the Light Brigade charged at Balaclava. He ran into the bellowing mouths of the Russian cannon and all the way back, by some miracle they both escaped unharmed.

In the Zulu War of 1879, Pip, a little fox terrier, was left behind for safety at Rorkes Drift while his master, monocled Lieutenant Godwin-Austen, marched on to Islandhlwana where he was killed. Pip survived the subsequent massed assault on the farm by thousands of Zulus, 'Dancing in excitement at Surgeon Reynold's heels as he dragged wounded Commissary Dalton out of the firing line.' (From an article in *Optima*). Among survivors who greeted the relief force stood a giant Swiss mercenary, Corporal Schliess of the Natal Mounted Police, with little Pip at his heels.

Among the undaunted garrison of no more than eighty

The Guard of Honour of the Royal Mounted Police and army dogs at the dedication in May 1988 of the headstone of Capt. John Shipp, first veterinary surgeon to join the British Army, 1796

effectives was an eccentric clergyman the Revd George Smith 'whose enthusiasm for unleashing the dogs of war evaporated when he heard them baying', comments Sheila Henderson in an article on Rorkes Drift in *Optima* magazine.

Captain John Shipp recorded in his memoirs that while he served in India with the 22nd Foot early in the nineteenth century, a regimental dog, a true dog of war, regularly accompanied a particular private when he was posted as a sentry.

Dogs of war were fully employed as sentries and guard dogs during the American Civil War, by Confederates and Federals alike. The so-called 'Large American Dog', some believed derived from an Irish wolf hound, was very useful as a guard dog. One owned by Mr Butler of New

York, a massive creature standing thirty-six inches high at the shoulder, was exhibited to Queen Victoria in 1870.

German officers may have been among the neutral military observers who visited the US to watch the conduct of the war and noted how extensively dogs were engaged. Be that as it may, it was in the late 1860s that the German Army began to organize dogs for military purposes with Teutonic thoroughness. Village clubs which specialized in breeding and training dogs were subsidized and at one time there were separate institutions for particular breeds of dogs.

During the Herrero campaign in German West Africa, sixty dogs sent out from Germany with the troops time and again saved them from ambushes in the prevailing low scrub. As a result, dog training was taken much more seriously, and all the dog clubs were amalgamated into a huge association, 'Der Verein fur Deutsche Schaferhunde'. The Crown Prince was president, and military officers directed the activities of the organization. On the outbreak of war, those dogs already in the army went straight to the front with their regiments, while owners whose dogs were approved at trials and listed in the association's records were ordered to mobilize at once.

Dogs recruited from all over Germany and Austria were sent to training establishments where they were carefully trained by specially qualified men directed by expert military officers. Once trained, the dogs were drafted to army kennels; each army had one from which dogs were issued to the front line troops.

In the first advance into Belgium and France, the Germans lost no time in seizing all suitable dogs and sending them to Germany to be trained. A document giving instructions for the work of dogs in the field captured at a German headquarters emphasizes that only men who have a genuine love for dogs must be accepted for training: 'on this essentially the animal's performance depends ... the efficiency of a dog heavily depends on the choice of its attendants and the special instruction ... Faulty treatment very speedily lessens the efficiency of the animal ... should a dog not be sent back immediately on its arrival, attention must be given to its kennelling, and if necessary its cleaning and drying.' A special section deals with regulations for veterinary supervision of the dogs, messenger dogs in particular. With extreme thoroughness, the Germans evidently took pains to ensure that their canine auxiliaries were well looked after.

The French had experimented with small number of dogs for some years, but no serious attempt was made to organize them on a large scale until December, 1914, when a M. Megnin, famous as a trainer, obtained permission from General de Maudhuy to establish a kennel for training dogs for the French Army. Official support led to the establishment of four kennels and a big dog training school at Satry corresponding to the British school at Shoeburyness. The commandant was a Major Malric who had made a study of training dogs and tested them out as sentinels in Madagascar.

French dog clubs were asked to co-operate and each took over a certain section of the country from which they drew the most suitable dogs available. The different types of sheep dogs – de Brie, de Beauce, the Alsatian and the Belgian – proved excellent, although some collies and Airedales were also imported from England. Very few dogs were rejected, none dubbed useless, for if not bright enough to be taught to be a sentry or a messenger dog, they could always be used for transport. Harnessed to a little cart, two dogs easily drew 200 kilos weight of supplies. Or a pack dog on its own could carry 12 to 15 kilos of soup or ammunition.

Banner headlines and full publicity, illustrated by photographs, kept the importance of the dogs and their work constantly before the French people. From the

British dogs of war on the Belgian model: an officer's experiment in dog-traction for machine-guns

handful of dogs M. Megnin had trained, the organization grew until Major A.D. Dawson discovered, while temporarily attached to the French Army, that every French Army Corps 'had its completely organised, fully staffed and equipped camps of dogs, administered like any other recognised arm of the service.' He says:

> They are real soldiers, these war dogs of France, cheery and enduring in their work, jolly and sportive in their leisure and devoted body, soul and spirit to the officers and men who train and lead and direct them. Rewards they have in plenty, not only in the pride and delight they take in their work, but because the human soldiers with whom they are associated are as fond of them as they are of the men, and as generous to them as they are to one another ... as yet one has heard of no suggestion of 'wound stripes' for war dogs, but I have seen dogs at work in the French Army who had already been wounded twice, and who, after being nursed and cared for till fully recovered, like any other wounded fighter, have returned to the Line as keen as ever upon their work ... The

> attitude of the dogs towards the men who manage them forms a tribute to the humanity and good nature of each one of those men; and the whole system of their training and use in war is a striking evidence of the thoroughness and grasp of detail which characterises the French Army, no less than the wonderful capacity of the dog for co-operation in the affairs and work of the men.

The German Army also introduced ambulance dogs wearing a light harness carrying a pouch on each side containing wound dressings and a stimulant. Wounded men – Germany fought Denmark, Austria and France during the nineteenth century – use their last strength to crawl into hidden places where they may be overlooked by stretcher bearers, especially at night when it is safest to collect casualties.' (E.H. Richardson, *War, Police and Watch Dogs*).

Herr von Bungartz, a famous trainer, trained dogs of moderate size and keen intelligence, e.g., collies and retrievers, but all dogs with good noses, to search for wounded and missing on a battlefield. Some were trained to return to their keeper with his cap after finding a casualty and by running backwards and forwards to show him where the wounded man lay. Others were taught to bark when a casualty was found, and yet another method was to have the dog on a long leash and let it lead the handler in the right direction. This was particularly valuable at night.

> The ambulance dog can carry aid to the wounded, but more especially can it assist those unfortunates lying hidden and forsaken, inarticulate from suffering and weakness, and contemplating an awful end as they hear the receding tramp of their comrades.
>
> E.H. Richardson, *War, Police and Watch Dogs*

Continental armies gave every encouragement to this humanitarian work. Conclusive proof of the value of such dogs was afforded by those who worked with the Russian Army in Manchuria in the Russo-Japanese War 1904-5, some supplied by Colonel E.H. Richardson (then only Major, but we shall refer to him as 'Colonel' for the sake of simplicity) of the British Army. Captain Persidsky of the late Count Keller's staff wrote: 'In finding the missing and wounded with which the millet fields are strewn, nothing has succeeded like our pack of seven dogs. The English ones are particularly intelligent. In our last engagement twenty-three men were found in unexpected places.'

An article in the Russian newspaper the *Neva* reported:

> Attached to the medical department of the Russian Army on the Shao, are a number of dogs, which are of great help in the work of seeking out the wounded after the battle, especially on broken ground and at night-time. They are a kind of sheep-dog, bred by a certain Major 'Otonville' (Richardson) and have been trained to go about over the battlefield when the fight is over. They carry on their backs a small parcel, marked on the outside with a red cross and containing a length of bandage and small flasks of brandy and of water ... On finding a wounded man, the dog allows him, if he is able, to unfasten the packet and make use of the contents; if he can then manage to walk, the dog leads him to where the field hospital is at work, to give him proper medical dressing, if not, the dog trots off with his cap to fetch searchers whom it guides to the man it has found. The dogs are said to show great intelligence in their work, and may be compared to the famous dogs of St Bernard.

Inspector-General Czernicky, of the French Army Medical Service, was traversing the battlefields of Gravelotte-Rezonville on 19 April 1870 when he found two wounded men who had fallen on 16 April, three days previously, who had not seen a soul since the moment they were wounded; notwithstanding the ground had been traversed by stretcher-bearers. There is not the slightest doubt, he emphasizes, that a dog would have rapidly located these men.

In the Boer War, many lives might have been saved had the British Army possessed ambulance dogs, and disaster averted if dogs had been employed as scouts to give warning of an ambush.

As a letter to the *Glasgow Herald* put it:

> ...Had our troops when marching to the fatal Magersfontein had the assistance of a few reliable sentinel or scouting dogs, that engagement, instead of being the cause of much humiliation and sorrow to our country, would have been another added to the list of glorious victories inscribed on the drum and colour of our Highland regiments ... A trained sentinel dog would have warned our men that they were coming nearer to the enemy than they thought ... an outcast cur marching with our force that night might have been the cause of frustration of the enemy's well-laid plans. And a great many of us can remember the awful nerve-tension of our sentries at night during the Zulu and Sudanese wars that would have been much lessened had a few dogs, with their marvellous sight, scent and hearing, been assisting the British arms ...

In South Africa no organized canine scouting or sentry duty was encouraged by the War Office, although the best use possible was made of stray dogs the soldiers picked up. A trooper wrote to Colonel Richardson from South Africa:

> We have trekking about with us a large number of dogs that have been left behind, with other stock, by the Boers in their haste and which attach themselves at once to the columns they come in contact with. We have with our column alone (Colonel de Lisle's) over thirty dogs of a variety of breeds, from a small Pom to the massive Great Dane; and the standing camps we come across look almost like dogs' homes. Of course, they are mostly cross-breeds but I have seen some really fine specimens of the smooth fox terrier, rough collie, Great Dane and greyhound. We have one dog

A terrier with his soldier master during World War One

> with us we found at a deserted farm (he looks a cross-bred collie and Airedale). We call him 'the sentry' and always take him with us on night picket; we have trained him to be as useful as any man, for no sound escapes him.

The British soldier is an irresistible magnet for canine waifs and strays, but it is painful to reflect on the fate, when the troops sailed home, of those dogs who had so eagerly attached themselves to a column, delighted to be owned; to be somebody's dog again with a place in the world. Because it cannot speak and therefore complain, is no excuse for imagining a lost dog does not suffer great distress of body and mind.

Colonel Richardson offered to send some of his superlatively trained dogs to South Africa, but once more the War Office refused the offer; despite a report of a practical trial sent in by Sir Charles Tucker, Commander-in-Chief in Scotland, one of several general officers who had had personal experience of what the dogs could do (published in Richardson's *British War Dogs*).

> Forwarded and strongly recommended. Seeing that every foreign Government has already recognised the use of dogs either for ambulance purposes or sentry work, or both, I am of opinion that advantage should be taken without delay of Major Richardson's knowledge and experience in the matter of breeding and training them, and some military centre selected for the purpose. It seems likely that Salisbury Plain might offer greater facilities in this respect than Aldershot; but on this point, as on other matters of practical detail, I would suggest that Major Richardson be consulted.

When the nineteenth century closed dogs at war vanished from the military scene. But dogs of war came of age. All at once every European country seemed to realize that the special skills of a dog can be educated to make it of the utmost value in war (and peace too) when working in partnership with a keeper or handler: the ideal conditions for which a dog yearns. No longer the vagabond that for centuries followed armies from Greenland's icy mountains to India's coral strand, its importance was at last officially recognized by Germany and Austria, Russia, France and Italy, Holland and Belgium, Sweden and Switzerland. Official recognition by Britain was lacking, although there was an abundance of evidence from private sources. The story of the modern, sophisticated British dog of war, is the story of Colonel E.H. Richardson and his life-long crusade against apathy in high places to get it accepted.

2 The First War Dog Training School

Colonel E.H. Richardson

2 The First War Dog Training School

Colonel Edwin H. Richardson was to be the pioneer of British war dogs. Without his unlimited supplies of skill and perseverance, many more lives would have been lost during World Wars One and Two. He was brought up in Ireland by a father who was also a dog lover and who owned a pack of hounds. Since childhood, then, Richardson was both familiar with, and extremely fond of, dogs.

He had retired from the army with the rank of major before the outbreak of World War One, and for the following fifteen years bred and trained a variety of breeds of dog as sentinels, guard dogs and ambulance dogs. After such a length of time there was no mystery about the superlatively trained dogs he unsuccessfully urged the War Office to employ. He must have been reminded that a prophet is never honoured in his own country when the War Office continued to turn a deaf ear to his pleas, while his dogs were held in highest esteem abroad and earned him many honours.

At the start, all those years ago, he had visited Germany to inspect the kennels of Herr von Bungartz, famous trainer of ambulance dogs for the German Army. Ten years before, during the Russo-Japanese War of 1904, he had the honour to receive, at the command of her Imperial Majesty the Empress Marie, President of the Russian Red Cross Society, the war medal, together with the 'grateful' thanks of the society itself for the courage and devotion his dogs had displayed in Manchuria. He was also the recipient of a magnificent gold repeater watch set with

Dogs were used by the Japanese to hunt Russians
in the war (1904)

diamonds from the Tsar. In 1907 he travelled to Constantinople at the request of the Sultan Abdul Hamid. Taking some dogs with him to guard the Palace Yildiz Kiosk, he would instruct officers and servants to handle them. He chose a collie named Laddie, a beautiful sable and most sagacious creature; Warrior, a black and tan bloodhound; and another tricolour collie. Twenty Albanians, fine, hardy mountaineers used to handling the big local sheepdogs, were taught how to get the best out of them. The following year, 1908, he took a young bloodhound bitch, Boadicea, trained as an ambulance dog, to Madrid where she was much admired by the Queen of Spain. Her god-daughter, the Empress Eugenie, presented it to the Spanish Army, then fighting the Riffs in Morocco. When they returned victorious, Boadicea, who had seen a good deal of the fighting, marched in the victory parade and King Alfonso conferred the Order of Military Merit on her master.

During the Balkan War, Richardson hired two horses to carry him through the 8,000-feet-high mountains to see how dogs managed in mountainous warfare. The Bulgarians, he found, used their big sheepdogs as sentries to their outposts. Two years later he was at Tripoli (which the Italians had seized from the Turks). He discovered that Captain Certola, head of the Ambulance Dog Establishment in Rome (subsidized by the government) found ambulance dogs most useful. The Italians tethered dogs in pits in front of their line of sentries. This tactic gave a dramatic alarm on the night of 11 February when two columns of Turks and Arabs attacked the Italian position at Derna.

All this esteem abroad and at home silence, at least in high places. Many requests for guard dogs for country estates and factories and warehouses kept the Colonel busy, and the army showed an encouraging interest in his work, even though it was perforce private. One summer he trained his dogs with the Guards in Holland.

In 1911 he sent off a pair of dogs from his kennels privately requested for the 6th Ghurkas in their campaign against the Arbors in difficult country on the Indian-Chinese border. One was an Airedale and one a cross-bred collie and they proved excellent sentries at night. While accompanying patrols by day they more than once averted disaster.

He could never speak too highly of the Airedale and its intelligence, fidelity and courage, with something perhaps of the rugged character of the Border terrier it sprang from. German dog trainers thought highly of it too and, finding generally their native breeds of dogs were not as good as the British breeds, bought large numbers of the latter, visiting Scotland to buy collies – if their owners would part with them.

Mrs Richardson, as devoted to the dogs as her husband was, was skilled in understanding their natures and personalities. Her dog, Dandie Dinmont Johnny, was the first inmate of the Richardson kennels, 'a pioneer of many other dogs whose fame and prowess spread around the world' observed the Colonel.

When hostilities were declared in August 1914, the German Army had 6,000 trained dogs ready for action, with a reserve pool of trained police dogs. About that time the Kaiser made one of his flamboyant speeches. He declared that if the enemies of Germany threatened the state, 'every dog and cat would march to the defence of the Fatherland'. An attempt was made to organize the cats, but possibly even German cats objected to the regimentation so dear to the Teuton mind. It was a weakness Colonel Richardson considered in the German system of dog training: too much emphasis was laid on regulations and routine, not enough on letting the dog develop its own originality. The dogs, however, were literally straining at the leash. Ludendorff gave his signed order for their concentration and utilization, and detailed an officer on the HQ staff to direct the whole operation. Almost at once the ambulance dogs were busy in East Prussia where the Russians overran the frontier.

France had a few dogs attached to five or six regiments, but nothing organized on a large scale until December 1914. Messenger dogs later earned immortal fame, especially in the defence of Verdun. Ambulance dogs were soon forbidden in No Man's Land because of the conditions which existed there: the slightest movement brought down a hail of fire and the Red Cross was fired at indiscriminately.

The Italians had dogs, trained to operate in the mountains, which could scramble up almost vertical rock faces with dixies of soup or packets of cartridges.

Russia had an established system of military dogs in which the Tsar took a great interest and which were attached to certain regiments. Only three weeks before war broke out the Colonel visited Russia as a judge at their field trials. Two other judges were German. The dogs used for military and police work were principally Airedales, sheepdogs and pinschers.

Walking through the grounds of the Palace of Tsarskoe Selo he saw the young Archduchesses playing with one or two, 'nice little dogs. The group looked very happy,' he remarks. 'There was nothing to warn them of the terrible fate awaiting them in the future.' Earlier, when the Tsar sent him the magnificent gold watch with heavy gold chain in appreciation of the devotion of his ambulance dogs in Manchuria, he had commented: 'We have always felt touched by the kind and gracious thought of that poor Tsar in the sore pressed and harassed life he was forced to live. He was evidently gentle and kind.' (*British War Dogs*).

In 1914 Russian ambulance dogs had no opportunity to repeat their triumphs in Manchuria for, after an initial advance, the Russians were in retreat. Two generals, who had not forgotten they quarrelled in Manchuria, commanded the Russian Armies and one failed to support the other, enabling Hindenberg to achieve the decisive victory of Tannenberg.

Britain, in contrast to her allies, was without official dog cover. Two dogs the Colonel had trained as sentries were on the strength of the Durham Regiment, and another Airedale accompanied the 2nd Battalion Norfolk Regiment to France. The two dogs he had sent to the Ghurkas remained in India. He had thought of rejoining his regiment when war was first declared. On reflection, however, he concluded he could be of most practical use to the war effort if he carried on as he was doing, breeding and training dogs which might be in great demand under wartime conditions. It was an immensely important decision that might so easily have been the wrong one. His expertise in breeding and training various breeds of dogs, borne of long years of experience at home and abroad, was matched by no one in England at that time except Mrs Richardson. All that unique specialist skill, which two years later was to be critically drawn upon, would have been lost in the army as yet another dug-out reporting to the colours. Fortunately the hour usually finds the man; so it proved in this instance. The clock struck and fate's nominee stepped forward accompanied by an Airedale.

Meanwhile, the War Office persisted in its refusal to take dogs to help British soldiers. Richardson therefore offered the services of his ambulance dogs to the British Red Cross Society. They gratefully accepted and sent him to Belgium in the first weeks of the war. On reaching Brussels, however, he found the Belgian Army in retreat and was forced to return home via Ostend. He sent the Belgian Army some dogs after the front was stabilized and supplied a number of others privately requested as sentinels and guard dogs.

In the summer of 1915 he visited the dogs on the French front with the 6th Army at Ville Coteret, which were being organized under conditions of heavy shelling which was responsible for casualties among runners. Richardson also visited those attached to the 7th Army in the Vosges sector in the autumn of that year. Here he found a peacetime friend, Major Megnin, a well-known dog breeder, in charge of the kennels at Gerardmere. The dogs proved valuable in detecting spies attempting to cross the frontier hidden by the dense forest.

Among them was a fine specimen of the French Chien de Brie, a Gallic version of the Old English Sheepdog. Although a great favourite, he always seemed to have something on his mind. Evidently he was anxious about the sheep he'd left far away in Avignon, for one day he disappeared and a fortnight later his master sent word he'd arrived back at the farm. It was felt he'd done his bit and so was allowed to remain happily with his flock.

Naturally a sharp eye was kept on the Colonel's movements and his permit and passport closely examined at the headquarters of General Frachet de Perey by an officer who remarked, 'At all events you have a very good French middle name,' referring to that of Heautenville, from which family his mother's forbears were descended.

Back home once more, after his round of inspection, in the summer of 1916 he received a request for messenger dogs from a Colonel Winter RA. This was quite a new venture for the kennels. A challenge Richardson personally accepted, assisted by Mrs Richardson. He had lately watched the French messenger dogs in action (and German ones before the war) and knew that their training differed from that of any other dog. It has to work entirely on its own initiative, sometimes miles away from its keeper, and it must know what it has to do and think how this can be done. Success depends upon the harmony between the dog and its keeper for it is trained to return to him from any point to which it may be led, without paying attention to shell fire or other obstacles. As the captured German order so rightly stressed, 'only men with a genuine love for dogs must be accepted for training,' as keepers.

The Richardson kennels moved to Harrow after ten years on the coast of Forfarshire. In those days open country surrounded the town where the dogs could be freely exercised and trained without fear of motor traffic on the roads. The locals became used to the sight of dogs of all shapes and sizes running cross-country or hurtling along lanes and bridle paths.

3 Reports Flood In

A novel use for dogs in war: searching for the wounded at night

3 Reports Flood In

After Colonel and Mrs Richardson had made many experiments with a variety of dogs, they succeeded at last in training two Airedales, called Wolf and Prince, to carry messages homeward regularly without a hitch for two miles. The dogs left for France on the last day of 1916 and went direct to Thiepval under escort of a gunner. They had been trained without any adjuncts of war but Colonel Winter fortunately handled them sensibly and they soon settled down and began regularly carrying messages.

His first report on the two dogs was as follows:

From OC 36th Brigade, Royal Field Artillery

> In continuation of my letter No. 549 dated on the 7th inst. during the operations against Wytschaete Ridge, two messenger dogs attached to this Brigade were sent forward at 1 a.m. One was attached to the forward liaison officer and one with the group forward observation officer.
>
> After being led up through communication trenches during darkness, they went forward as soon as the attack was launched, passing through the smoke barrage ... One was despatched at 10.45 a.m. and the other at 12.45 p.m.
>
> Both dogs reached Brigade Headquarters, travelling a distance as the crow flies of 4,000 yards over ground they had never seen before and over an exceptionally difficult terrain. The dog despatched at 12.45 p.m. reached his destination in under the hour, bringing in an important message, and this was the first message which was received, all visual communication having failed.
>
> (Signed) OC 56th Brigade RFA (E.H. Richardson, *British War Dogs*)

Two other reports on these dogs run as follows:

> When the Germans withdrew their line in the spring of 1917, the dogs were taken up the night before to a wood east of Bucquoy. They were then sent up to a forward observation post 4,000 yards to the east of the wood and were released with important messages. They found their way back, through masses of troops on the march, to the wood although they had only arrived there the night previously and the ground was unknown to them.'
>
> E.H. Richardson, *British War Dogs*

> On the attack on Vimy Ridge the dogs were employed with an artillery observation post. All the telephones were broken and visual signalling was impossible. The dogs were the first to bring back news.
>
> E.H. Richardson, *Forty Years With Dogs*

These reports proved a God-send to a War Office hungry for cannon fodder as casualty lists soared on the Western Front, where British generals attempted to break the deadlock by marching (so far as marching was possible) thousands of men across muddy open ground into

Preparing a dog with a message, 1918

massed rifle and machine-gun fire. This brought back memories of marching men across the open veldt into ambushes at Magersfontein and elsewhere. If dogs could do the work of runners, they could be sent to the firing line. A splendid idea!

At last Colonel Richardson was summoned to the War Office in 1915 and after some discussion his proposals to set up a dog training school were accepted and he was appointed commandant. A site for the school was chosen down on the Essex coast at Shoeburyness, to accustom the dogs to the constant sound of gunfire.

Fortunately for the country, and for the thousands whose lives were to be saved by the messages the dogs delivered, Richardson had already worked out a system, after years of studying the problem, to solve a crisis such as the present one where everything had to be improvised in a hurry.

He handed over the stock at the kennels to the government, mostly of Airedales, and they were the first dogs to go to France. He also presented the actual kennels (they were re-erected at Shoeburyness) while he and Mrs Richardson stored their furniture and left Harrow for the marshes, eagerly anticipating the new official life ahead after so many years of disappointment and frustration. They were grateful for the anodyne the work provided, for the Colonel tells us: 'Our boys were both at the Front and we had to meet, as did so many parents, the shock of loss.'

After so many years of wide experience, they could tell almost at a glance those dogs most likely to respond to teaching, among the rag-bag of canine conscripts, collies, lurchers, Airedales, Bedlingtons, terriers and all-sorts assembled from the Battersea Dogs Home.

Kipling wrote in honour of Tommy Atkins:

The War Dog Training School on the sands at Shoeburyness

Oh, it's Tommy this, and Tommy that,
And 'Chuck him out, the brute!'
But it's 'saviour of his country'
When the guns begin to shoot.

The waifs society, previously shown the door, suddenly found they were heroes, doing an indispensable job under shell fire. Volunteers drawn from battalions had also to be taught to handle their future charges. Inevitably some were no good; they'd only volunteered hoping for a cushy job and had no particular interest in dogs. It therefore became standard practice to warn recruits before anything more was said that the work would take them where the fighting was, it was no good their imagining they could comfortably see the war out in the rear lines.

Training, based on the reward system, took on average five weeks. The dog's natural desire to please was encouraged by a word of praise or an approving pat when a lesson was grasped. Corporal punishment was strictly forbidden and scolding was frowned on; severe punishment only cowed the dog or antagonized it. Keepers apt to be irritable or impatient with their charges were sent back to their units.

A strenuous time was had by all. Nothing could have been a greater contrast to the unhappy days of moping loveless in cages than the dogs' new lives. Firing drill opened the day, where the keepers blazed away with blank cartridges at all except newcomers; dogs being taught to run between those lying down. This was followed by bomb drill, when grenades were exploded, and visits to the batteries to familiarize the dogs with the crack of a field piece or the roar of a twelve-inch gun. It took some getting used to but, with gentle handling, even very nervous dogs gradually became indifferent to the racket designed as a rowdy dress rehearsal for the grim conditions in which they would have to work in No Man's Land.

Each was given a name: Scott, the handsome collie; Molly, the insignificant little black lurcher always with him; Old Tray; Joseph; Swallow and Tommy, who was badly wounded but after having delivered his message crawled into his keeper's bunk and slept for twenty-four hours.

They were divided into three classes, the first class, whose training was almost complete, sat on top of their kennels and barked derision at the beginners class trailing home after an afternoon spent running back to Colonel Richardson with a note tucked into a clip on their collars after their keepers had walked or 'biked' them a varying distance from camp. After a month, or thereabouts, a dog would be able to return accurately from two to three miles away, a distance which soon increased to four miles. The road back was an obstacle race, seamed by ditches and streams and littered with hurdles, barbed-wire fences and other impediments; not omitting a smoke barrage.

At the end of the first month thirty trained dogs were sent over to France, collies, Airedales, retrievers and lurchers. As demand grew there were at times 500 dogs in camp, and feeding them posed a problem.

When a course was finished, the keeper took two or three dogs back to his unit where they were taken away from him by infantrymen holding the sector, and led into the front line. He remained at brigade HQ awaiting the return of the dog (this could take an hour or two, or only a few minutes) with a message he handed to the commanding officer or his signal officer.

Just exactly how the dog found its way back over strange ground, on one occasion for a distance of thirteen miles, would strain the wisdom of a Solomon to explain, and remains a mystery still. The performance was induced by something more spiritual than greed for the tit-bit at the end of the run; rather anxiety to greet its keeper and hear him cry 'Well done!'. It was a source of wonder two hundred years ago to Buffon, who pointed out, ' ... the dog is the only animal ... who, on a long road which he has only followed once, remembers and recovers the way ... '

An Australian officer told Colonel Richardson that one of the sights that most impressed him in Flanders was his first sight of a messenger dog:

> He saw it first coming from the direction of the first-line trenches, a little Welsh terrier. The ground it was going over was in a terrible condition and absolutely waterlogged. The little creature was running along, hopping, jumping, plunging, with the most obvious concentration of purpose. He could not imagine what it was doing until it came near and he saw the message carried on its neck. As the dog sped past him he noticed the earnest expression on its face.
>
> E.H. Richardson, *British War Dogs*

The keepers kept a record of the dogs' work on time sheets. The Colonel, anxious to know of their future progress, asked the keepers to send in reports as to how they were getting on. Evidently they were on good terms with him for they wrote back freely about the difficulties they met in the early days when the dogs were a novelty and no one knew what they were supposed to do. To Colonel Richardson such information was very valuable, revealing where the weaknesses lay in the system adopted. A most graphic letter sent in by Corporal Taylor gives a comprehensive account of the breathless life of messenger dogs in the British lines towards the end of World War One:

> I landed in France with my two dogs, 'Major' and 'Maggie', and was sent to my old Brigade. Their headquarters were in an old slag heap, just to the rear of Hermies village. I did not

German messenger dog with collar carrier, May 1917, near Sedan

get much help, nor did I find anyone very interested in the dogs at first, but on coming out of the line for a rest, I was taken over by the Brigade Signal Officer, Lieut. Parkes. He was very interested in the dogs, and did a lot for me. The consequence was, that next time, the dogs were used night and day, with good results. We were in the line from 25 Jan. till 21 Feb. and the dogs were running from the front line to advanced Brigade Headquarters.

At different times, our officer had silent days, when no wires were used, only runners and dogs. Of course the dogs beat the runners every time, and never made one mistake. It was a very unhealthy spot – a lot of shelling. Poor 'Maggie' was shell-shocked. I buried her in a little hut I used to keep her in. It would have been a great thing, if all officers had taken the same interest in their dogs as did Lieut. Parkes.

I returned to Etaples when the dog service was reorganized, and my next venture was at Kemmel Hill, 16 April 1918, and went up with Keepers Young, Headly, Ferriby, Radford, and Ferris with eighteen dogs. The men had nearly all the same dogs they brought from England. We went to the 9th Division, and ran the dogs for the 26th and 27th Brigade. Their Headquarters were just to the right of La Clythe. Here I found I was wanted to run dogs from Spoil Bank, close to the Canal, through Voormazeele, a distance of 14 kilos, so made a relay post, at Ridge Wood, leaving Keepers Young and Ferris at headquarters. It was here men and dogs had a rough time, as the enemy was doing a lot of heavy shelling, ready for his attack and capture of Kemmel Hill, ten days later. My own dogs were 'Major', 'Rab', and an unregistered dog. The work was difficult for the dogs, as Brigade Headquarters moved about so much, on account of so much shifting. After the dogs had done about six journeys, Headquarters moved, so that the dogs had to turn to the right on the Dickebusch Road, instead of to the left, where they had been running before, but four out of the six dogs did it all right. My bitch 'Rab' was hit by a piece of shell on her second journey. She managed to stagger in with her message, but I could see there was not much hope for her. I bound her up, and carried her down to Brigade Headquarters, but she died the next day.

I was watching for the dogs the next day, to come in, and saw 'Major' and that fast bitch of Ferriby's, I forget her name, racing back over the ridge. As they were passing a battery of artillery, the enemy opened out with eight-inch stuff.

Ferriby's bitch was killed, but 'Major' got through. I could see that 'Major' was actually dodging the shells. He took a wide sweep from where the first shell fell, and kept working out further. The time for that run was a record, about six minutes. It took me an hour to walk and run the distance. Radford's dogs were doing the night duty, also Ferriby's, and never made a mistake. Hedley's dogs also did all that was asked of them. They were on day duty.

I might mention here, that I found one or two of the dogs were losing time, so I went forward to find out the cause, and found them in a trench, on their chains, and a lot of pieces of bully beef put in a tin in front of them. Very kind, of course, but spoiling the dogs. I at once informed the signal officers of both Brigades, and it was stopped. That was one of our greatest troubles – troops feeding and fussing about the dogs.

On 25 April, I was wounded in the attack by the enemy

An inspection of messenger dogs, 1918

> on Kemmel Hill, and was in hospital some time. I returned to No. 1 Section early in October. I only had one turn in the line, however, with my three dogs, as 'Jerry' threw up the sponge. I might say, that 'Major' was given to Keeper Hunt, when I was in hospital, and he did hundreds of runs for him. One run he did for Hunt is worth telling. Taken forward in an attack, an advance was made of 17 kilos, without much opposition. 'Major' was then released by the Brig.-General's orders with a message asking for help at once. 'Major' did the 17 kilos in one hour. He isn't much to look at – a cross lurcher and deerhound – but he has a heart of gold.
>
> E.H. Richardson, *British War Dogs*

Keeper Shayler was one of the first keepers trained at the school. He too encountered difficulties when he arrived in France.

After one month's training of Messenger Dogs at Shoe-

> buryness, I proceeded to France on 13 July, 1917, with two dogs, one an Old English Sheepdog, 'Betsy', and an Airedale, 'Jim'. Landing at Le Havre, we entrained for Poperinghe, Belgium. I reported to the 14th Corps HQ. After four days there I went forward to Brig. HQ at a village named Elverdingh. This place was heavily shelled, but the dogs ran very satisfactorily for the first time under shell-fire. I stayed there for about seven weeks. I then reported to the 19th Corps HQ and then went forward to Ypres. I stayed there for two months. My dog 'Jim' was killed by a shell. He had been a good reliable dog. At this time of the Dog Service it was uphill work for both men and dogs, there being no one directly in charge in France. From Ypres I came out for a rest.
>
> E.H. Richardson, *British War Dogs*

An official report by Major K.E. Milford is of interest, as it shows the distance a messenger dog might have to travel:

> In July, 1918, when the main force of the German attack had subsided, and our policy appeared to be to cut off small portions of German salients, preparatory to the great general advance, small battalion offensives were in vogue, with a view to taking and consolidating strong points, from which larger offensives were eventually pressed forward. In these small offensives (which were more than raids, inasmuch that the ground taken was consolidated and held), the messenger dogs proved of invaluable service. Telephone wires were almost impossible from the front lines of newly-acquired territory, and as these offensives were carried out invariably by night, pigeons were useless. The result of a raid, or minor offensive, giving the line captured and consolidated had to be returned to Higher Command by runners, or dogs.
>
> In one instance in an attack on a small factory, half a mile west of Vieux Berquin, the attack had to cross very flat, swampy ground, with two small streams the advance originating from the western edge of the Foret de Nieppe. The report that the attack had been successful, and a plan showing the line consolidated, reached Corps Headquarters by messenger dog in 50 minutes, the total distance being 13.5 miles. (I regret I do not know how far from the Corps

> Headquarters were the Kennels, and how much of the distance was done by the telephone, but I should say very little.) The next report, which was a duplicate, sent off at the same hour by runner to Brigade Headquarters, and thence by telephone, arrived at Corps Headquarters one hour and thirty-five minutes after the messenger dog report arrived. This statement was published in Corps intelligence, and in the 29th Divisional Orders of that month.
>
> (Signed) K.E. Milford, (Major RFA)

An extract from a report by Keeper Hammond shows the distance a dog travelled under appalling conditions. (Passchendaele was a muddy swamp.)

> I left Shoeburyness the first week in October, 1917, taking with me two dogs, 'Paddy' and 'Nansen'. I first ran them at Passchendaele, and was on that sector until the beginning of March, 1918. 'Nansen' was killed on the first run, but 'Paddy' was a splendid dog, and never made a mistake during the six months I had him. I consider his best record was carrying a message from Batt. HQ on Passchendaele down nearly to Ypres, a distance of five miles over about three miles of duck-boards. You can imagine the time saved, when 'Paddy' did it in 27-30 minutes and the Batt. runners were doing it in nearly two hours. After being transferred to the Messenger Dog Service, I did not go up the line again, as I had suffered severely from shell-shock, and my health gave way. Ramsey took 'Paddy' and I have no doubt at all that he is one of the best dogs that ever went to France.
>
> E.H. Richardson, *British War Dogs*

Keeper Corporal Coull records the invaluable work the dogs carried out with immense success:

> Directly under my personal care were 'Buller' (Airedale), 'Trick' (collie), and 'Nell' (setter bitch). At the outset 'Buller' was somewhat inconsistent, but in a very short time he blossomed out into a very fine working dog, and did some very fine running. He carried messages, such as requisitions

for ammunition, material, food, and the most common, but not the least important – the situation reports.

When the Australian troops were making repeated attacks on the fronts between Villers-Bretonneux about April and May the service of 'Trick' was repeatedly and specially in demand, and on various occasions on that front he brought back the first messages of the progress of the attacks, and also requests for further materials necessary for the successful carrying out of operations. On one occasion special mention was made in divisional orders of the good work done by 'Trick' and another dog, called 'Willard', on the front of the left of Corbie. On that occasion 'Trick' and 'Willard' brought back the first message of an important and successful operation by the Australian troops. By his good work 'Trick' was always sought out by any signalling officer when any message of importance and urgency was to be sent, and never once did he prove untrustworthy.

A black retriever dog called 'Dick' had a wonderful record, worthy of the VC. While carrying a message in the Villers-Bretonneux sector he was wounded very severely in the back and shoulder. The dog completed his run in good spirit, and was ultimately sent to the section kennel for treatment from the veterinary officer. As no foreign bodies could be located in the wounds they were stitched up, and he was soon healed up and at work again. He did his runs in the line as well as before, and seemed all right when we moved to the 8th Corps. A day or two after moving the dog was seen to be suffering, and the attention of the vet. was called to his state. After a few days' observations, the veterinary officer concluded there was some foreign body in the wound, and so, as poor Dick was on the point of death, he was ordered to be destroyed.

At the post-mortem examination it was discovered that a rifle bullet was resting between the shoulder and body, while near the small of the back a piece of shrapnel was found lodged close to the spine. Through all his sufferings the dog carried out his duties cheerfully and most faithfully until he was overtaken by death.

E.H. Richardson, *Forty Years With Dogs*

In May 1918 Colonel Richardson made a tour of inspection of the Front and, after the Armistice, closely inspected the battlefields to study the surfaces the dogs had had to cross. The Ypres salient was the worst, where the dogs had their work cut out to pick their way across shell-torn ground where in wet weather human runners drowned in the huge flooded shell craters which could swallow a horse. At Passchendaele the terrible slope presented great danger to anyone forced to move quickly. It made it impossible for runners and only the dogs managed somehow.

It is astonishing to reflect that as the weeks passed on, more and more of the dogs had been until quite recently household pets with nothing more serious on their minds than chasing the cat next door out of the garden. It is possibly the most remarkable feature of the British messenger dog service during the Kaiser's War.

Class after class of trained dogs went overseas, and as the demand for their services exceeded supply, other dogs homes at Bristol, Birmingham, Liverpool and Manchester were combed for canine conscripts, while the police were instructed to turn over all strays of suitable size to the school. Finally, the almost incessant demands led the government to appeal to the public to loan their dogs to the army.

The response was immediate and generous. Some 7,000 dogs came forward at once. A tragic widow spoke for all who volunteered to loan their pets: 'My husband has gone, my son has gone, please take my dog to bring this cruel war to an end.'

Colonel Richardson points out that the wrench of losing a friend they might never see again was a little assuaged by the thought that while rationing grew tighter at home, the army at least would feed them well. In his own words:

A splendid collection of dogs was daily assembled. Many

were fine show specimens, others of humble ancestry nevertheless came with wise faces and willing hearts. They were one and all welcome, and were made to feel so. The attitude of mind was, in most cases, that of a schoolboy plunged into a large public school: bewilderment and sometimes home sickness for a short time, but as it was found that re-assuring, kindly human voices were all round, and that excellent dinners were going, they soon became quite at home. Added to this, life offered most interesting companionship with other dogs and also a completely new experience in what seemed to the dog, the learning of a new sort of game.

4 World War One: Richardson's Success Story

The Blue Cross, France 1918. Oil painting by E. Mondinery

4 World War One: Richardson's Success Story

From what he heard, the Colonel was not satisfied that the best use was always made of the carefully trained dogs he sent to France. So much depended on the CO of the unit to which the keeper returned with his dogs. There was no central control and, therefore, no uniformity. By July 1917, seventy-four dogs and thirty-four trained men had been sent to France but too often were neglected on arrival. Soldiers often fed the dogs; something strictly forbidden in the German Army, where it was a disciplinary offence punished accordingly.

The General Staff met the Colonel's representations by calling for reports from all army commanders who had messenger dogs in their areas, replies from the 1st, 3rd and 5th Armies and the 15th Corps were unanimous that the service had great promise but needed overall supervision. Lt.-General J. du Cane, commanding the 15th Corps, pointed out that under the present system relief was difficult to obtain:

> Dogs were at work for five months with only three days rest. They proved useful on several occasions but full value was not obtained from them because they and their keepers were in need of rest. Eventually the dogs were gassed and had to be withdrawn from the lines. They seemed to suffer a great deal in the eyes.

Captain Alec Waley, MC, RE, OC Carrier Pigeon Service, was appointed to pull the messenger dog service in France into shape. As a first step he was instructed to make a round of the messenger dog establishments in the French Army. After the necessary approval was given, he visited the 4th and 6th Armies and submitted a report on 28 November, 1917.

The French messenger dogs had covered themselves with glory and earned fresh laurels every day, but at an appalling cost. 'If only two out of six dogs come back with their messages I am satisfied,' General Gouraud told Colonel Richardson. He had good reason to be.

Typical is the familiar story of Satan, the black half-bred greyhound hero of Verdun. Duvalle, his keeper, saw him falter and pause as he raced towards them with a vital message. Leaping on to the parapet in full view of the enemy, he yelled encouragement, 'Courage, mon ami! Venez pour la France!' and fell dead, riddled by a dozen bullets. But exhorted by that well-loved voice, Satan struggled on trailing a shattered limb and safely delivered his precious missive.

Captain Waley also visited a dog hospital, organized and run by the Blue Cross Animal Society. It was a 'base' hospital to which all the messenger dogs which were ill or wounded were sent. The French messenger dog service was directly under the control of the Minister of War, not the army, and it was debated whether it should have a distinctive personnel. He may have known, although he makes no mention of it, that having had charge of the French war horses since the beginning of the war, and of the Italian since 1915, the Blue Cross in 1917 was given by the French Minister of War, 'the entire direction, administration of the Veterinary Services of the Military Kennels as well at the front as in the Interior Zone.' (Capt. Waley's report on the messenger dog service). In this way the Blue Cross played a major part in the welfare of horses and dogs (18,000 dogs were cared for by the Blue Cross in 1918 alone) in the main theatre of World War One.

The 4th Army had sent 60 dogs to the Italian front, and

he watched trials at the 4th Army front he found most impressive and conclusive. He was shown two sets of dogs, one returning from the trenches 500 yards away and the second from battalion HQ, 800 yards distance. Those returning from the trenches took 13 minutes and those from HQ 7 minutes, to cover the ground.

The system of the 6th Army was being re-organized. Hitherto dogs had been allotted to regiments, and the story was a similar one to the British. From lack of supervision some dogs were not used as messengers and simply became regimental pets, whose careful training was forgotten. He drew up comprehensive proposals from the tour which the Army Council accepted on 8 January 1918.

The old system was to be scrapped, and a central kennel for 150 dogs established on the sand dunes at Etaples for dogs arriving from England, and to which all dogs then in the trenches would be withdrawn with their keepers. From the central kennel, keepers with their dogs would proceed to sectional kennels holding fifty dogs which supplies messenger dog sections continually in the front line for fifteen days. The men in charge were billeted at battalion HQ and constantly on duty awaiting return of the dogs, who spent twelve hours at a time in the front trenches.

The messenger dog service was now regarded as a branch of the signals service, and all personnel were transferred to the Messenger Dog Service Royal Engineers, and called 'Pioneers'. Only gamekeepers, kennelmen, farmers and farm workers, or those accustomed to dogs, were accepted as keepers. Each dog was registered, and given a name and number stamped on its collar and its qualifications were entered in a book in which the OC of the battalion using the dog would enter any details called for. This was the large bound book preserved at the Imperial War Museum entitled *G H Q Central Kennels*

Register of Dogs and Men G R Army Book 129, containing among other entries pages of listings of dogs, comprising 346 entries.

In order to accustom the dogs to bombing, pits were dug round three sides of the central kennel and four inside. Dogs were fed once a day and shortly before they were fed a very noisy French grenade supplied by the French government was thrown into the pits. For the first few days, nothing would induce the dogs to leave their kennels during the bombing, and as their food was taken away during the bombing, they perforce had to go hungry. Within a week, however, those who would prove valuable in the front line took no notice of the din. At battalion HQ they were fed by their keepers, who were solely responsible for looking after them.

Each dog had its own kennel; a hundred collapsible kennels built by the Ordnance Department at Calais were issued in February 1918. It is to be hoped that Colonel Richardson's vast experience was drawn upon in designing them. A standard pattern would have been impossible, as the dogs differed greatly in size. But such points as a little platform outside the kennel where the dog could sun itself, closing the door last thing on winter nights, providing plenty of straw, and placing the kennel with its back to prevailing winds, contributed to the dogs' comfort, and thus their morale.

During the nine months the messenger dog service was working, the section kennels were moved thirteen times as fighting ebbed and flowed after the German thrust that fell heavily on the 5th Army.

Captain Waley was put in charge of the new service in France and promoted to 'Major'. The first use made of messenger dogs under the new system was on 14 April, 1918, when the Germans were attacking heavily in front of Hazebrouk, and 15th Corps asked for dogs to be sent for use in the Forest of Nieppe. Exceptionally good work was done by these dogs.

Two groups were used by the 1st Guards Brigade during the heavy mustard gas attack on 22 April which caused many casualties. Two out of the twelve dogs were severely wounded, and all of them suffered from the gas,

German Shepherd dog working with the Red Cross during World War One

though they ultimately recovered.

It is not surprising that working, as they were, right in the firing line, casualties among the dogs, and keepers too, were heavy. Reports sent back to Colonel Richardson mention quite frequently that the keeper had been ill, gassed, or shell-shocked. A fortnight in the front line, (first to receive bombardment) and twelve hours duty daily in the front line trenches, would test keeper and dog to the utmost.

Inevitably there were any number of homeless dogs roaming the devastated areas in the rear. In spring the bitches were a nuisance when they came on heat, distracting the messenger dogs. The Germans deliberately used their bitches to attract strays conscripted into their army. They used dogs extensively, and casualties among their dogs and keepers must also have been heavy.

Once at tea-time in the staff common room of a famous school where half the masters are Jewish and half are English, the oldest Jewish master and the oldest English master suddenly discovered they'd been opposite each other in the trenches on the Western Front. Dr Friedman, graduate of Heidelberg, began calling Mr George 'Tommy', short for Tommy Atkins, and Mr George, graduate of Oxford, began calling him 'Fritz' as with tears and cackles of laughter they renewed their youth.

Other staff present listened spellbound as the two ancient heroes matched each other's tales of the mutual horrors they'd endured: the mud, lice and rats; the rations always late, dropped in the mud coming through the communication trenches. They had less opinion of their respective sergeants than he had of them – if that was possible.

The years rolled away until the young red-haired Jew in field grey and the fresh-faced English boy in khaki, were clearly seen peering at each other's trenches across the stinking morass of No Man's Land where rags of uniform fluttered on the barbed wire. Only a dog should be added to make the picture complete. Possibly the dog that in January 1915 was chasing a rat that had jumped into the trench, when it was grabbed by, of all people, Corporal Adolf Hitler, of the 16th Bavarian Reserve Regiment. 'He fought against me' Hitler recalled thirty years later to guests to whom he related the story on the evening of 22-23 January 1944. 'I didn't let go. With exemplary patience (he didn't understand a word of German) I got him used to me. At first I gave him only biscuits and chocolate (he'd acquired his habits from the British, who were better fed than we). My comrades told me he took no notice in anyone during my absence. He would recognise me from a distance. We called him Fox'l, he went through all the Somme and the battle of Arras. To think they stole him from me!,' Hitler exclaimed angrily. 'I remember, it was just before we got to Colmar. The railway employee who coveted Fox'l came again to our carriage and offered me two hundred marks. "You could give me two hundred thousand and you wouldn't get him!" When I left the train at Harpsheim, I suddenly realised the dog had disappeared. The column marched off, and it was impossible for me to stay behind! I was desperate. The swine who stole my dog doesn't realise what he did to me,' shouted Hitler furiously – 'and to us' commented historian Hugh Trevor-Roper, 'He seems to have become distraught over his loss.'

'I love animals, and especially dogs,' Hitler told his guests, 'But I'm not so very fond of boxers, for example. If I had to take a new dog, it could only be a sheepdog, preferably a bitch. I would feel like a traitor if I became attached to a dog of any other breed. What extraordinary animals they are; lively, loyal, bold, and courageous and handsome! The blind man's dog is one of the most touching things in existence. He's more attached to his master than to any other dog. If he allows a bitch to distract his attention for a moment, it's for hardly any time and he has a bad conscience.'

It was reported that during Hitler's last days he used to sit in the corridor watching people come and go nursing a little dog for comfort. In monstrous fashion, Hitler, evil to the end, decided to try giving his companion a cyanide pill to see if it worked – it did. In some ways this was probably a merciful release for the small dog, who would otherwise have been left alone in the bunker after Hitler's death. And thus he acquired 'Blondi', the Alsatian bitch who he was seen playing with in the recent television series, *The World at War*.

Rin-tin-tin, most famous perhaps of all canine film stars, was found in a German trench by an American officer.

Using dogs on the scale they did, publishing their exploits lavishly in the press, hoping for gifts of suitable animals, the Germans were always looking round for recruits, and would not indulge in the wholesale shooting of strays which British commanders ordered. Of which, the best that can be said is that these poor, homeless, harassed, starving dogs were saved from further misery. But what a waste!

A suspicious number of executions are recorded in the messenger dog book. They can't all have been justified, surely? Take, for instance, the case of the dog Rough, a typical example:

> No. 112/Airedale and Irish/Dog 'Rough' Pte J. Ferriby 27026/10/E. Yorks.
>
> No. 112 was returned to the Kennels as useless. 9/6/18 shot by O.C.'s orders 4/7/18.

This is puzzling. What was Rough doing up the line if he was useless?

Major Waley, summing up his report *Messenger Dog Service (France)* July 1917 – April 1919, now in the Imperial War Museum, observes, 'the training the dogs received in England was superficial but the percentage of dogs which had to be cast (a euphemism for shot) was extremely low and shows how thoroughly the Commander of the War Dog school at Shoeburyness sifted out the wheat from the chaff.'

Exactly. Ignoring the question how superficial training – in the Major's opinion – produced a worthwhile dog, those dogs that went to France had been most carefully screened by an expert with forty years' experience who the War Office had appointed because of his expertise. He might not be infallible, still it's reasonable to assume Rough was neither stupid nor a coward when he went into the trenches. At what point did he become useless? When did his nerve break, in other words?

Was he not happy with Private Ferriby and his officers, therefore did not give of his best, instead grew more cowed and sullen the more he was sworn at? Our Airedale at our Yorkshire home was keen as mustard but Rough's Irish strain would make him more sensitive. 'Dogs are not machines', said the Colonel, 'They are extremely sensitive and, in fact, in some directions are more so than man himself.' (*British War Dogs*).

An American general slapped the face of a hospital patient bearing no visible wound; a century before he would probably have shot him in one of the Civil War battles when green regiments broke and ran. Was Rough suffering from shell-shock? It was common enough among the messenger dogs and some suffered so acutely they died. Those who signed the register are convicted of arrogance and ignorant prejudice by the death sentences they passed on those who were only too anxious to please.

There are plenty of examples of the atrophic, hide-bound military mind that baffled the Colonel. He tells us in *British War Dogs*:

> I well remember meeting a distinguished General, some years before the war, who had a good deal of power to bring progressive measure to the notice of the highest military authorities of the time. I ventured to suggest it might be worthwhile to devote some study to the question of Army dogs. He replied that he was not only not interested in the subject, but strongly disapproved of such measures.

> My own action as commanding officer would be to prohibit, under all circumstances, the use of dogs, in any connection, with a regiment in the field.

It was unfortunate that the officer's only son was killed later in circumstances that could have been reversed had the regiment in which the boy served possessed a few trained dogs.

The demand for dogs and still more dogs grew insistent. In addition to those the school trained as messengers, a request was received from Salonika for dogs (Airedales for choice) to act as sentries in listening posts in the front line.

Colonel Richardson had already supplied a number of sentry dogs to the expeditionary forces in Egypt and Mesopotamia as well as to the Western Front, and there were eighteen Airedales acting as such with the South-West Africa force.

Then came yet another demand. Summoned to London, and asked by the government whether dogs might guard munition factories, depots of various kinds and similar buildings, therefore releasing large numbers of soldiers engaged in such duties all over the country for the shambles of the Western Front, he replied emphatically that they could. Provided, and this was most important, that they were carefully managed. As applications began to pour in, he drew up a list of regulations which were issued to each centre where the dogs were employed. Where they were carefully followed, the dogs gave the utmost satisfaction.

Each recruit was therefore watched for its capabilities in the three disciplines: messenger, sentry or guard work. Plenty of scope was allowed on arrival to see where it showed promise. If, however, a dog proved difficult to teach and, with the best will in the world, showed no particular talent, it was returned to the source from whence it came. Colonel Richardson observed (and it becomes clearer the more one has to do with dogs) that there is little difference between the psychology of the canine and the human race, and it was very regrettable that occasionally a canine 'conscientious objector' turned up among the recruits. There was, however, a convenient method of dealing with offenders – a good lethal chamber at Battersea!

The Colonel tells a charming story of how Mrs Richardson rescued a fine watchdog to do his bit for king and country in his book *British War Dogs*:

> I remember the case of a very large, fine, bull mastiff which was offered to the School. It had not been off the chain for four years, as it was so savage that no one could approach it with safety. With great difficulty it was sent to the School and had to be taken out of the railway van with long poles. On arrival, it was fastened to a kennel but its behaviour was so outrageous, and as it seemed a risk of it breaking away and attacking the staff, the opinion was formed that it would have to be destroyed. Preparations were made to this end, when Mrs Richardson pleaded to have one day more for a final experiment.
>
> For two hours she stood near the dog, speaking to it softly. Gradually she edged nearer, still speaking, but never looking at the animal. She discerned that underneath the creature's savage behaviour there was a very highly-strung, sensitive nature, and that if confidence could be established, the ferocity, which was really due to soreness of mind and fear, would vanish.
>
> After a time she was able to lean against the kennel, and then very gently her hand was laid on the large brown head, and permission was given her to stroke the satin ears. With a very quiet movement she unfastened the chain, and led the poor beast away. Its gratitude and delight at being treated as an ordinary trustworthy dog was unbounded, and when I was making a round of inspection later in the day, I found the great beast seated at her feet, looking up with adoring eyes at

> his saviour. After that this dog was the great favourite with all the staff, and was absolutely reliable, while still retaining its guarding qualifications as regards strangers, and it did some very useful work for its country!

In like manner Mrs Richardson saved Tweed, the proud Highland sheepdog, among the most fearless of the messenger dogs. So nervous and apprehensive was he, training him proved so difficult and prolonged, that he was almost rejected altogether. Only through the urgent representations of Mrs Richardson, who discerned Tweed's fine character through his shyness, was he retained and his training persevered with. Patience and great gentleness in handling eventually overcame his reluctance and timidity, and the clever management of Tweed in the field by his Keeper Reid brought him up to a very high standard.

He rescued the 48th Australian Division from an exposed position by making three runs on the night of 8 May, 1918, when no runners could get through by daylight. A week earlier, on 2 May, he had distinguished himself at Amiens, running through a heavy bombardment with an urgent message from a detachment that had been cut off: 'Send up reinforcements and small arms ammunition.'

If, after arrival, a dog showed no aptitude for carrying messages, it was tested for guard duties in a special corner of the grounds reserved for the purpose. It rested during the day and was trained at night by men specially chosen to work with it who likewise rested during the day and worked night shifts. The dogs were attached by a running chain to a wire 50-100 yards along fastened to stakes in the ground, and had a kennel for shelter if the weather turned inclement. The trainers advanced from various angles, and by judicious training it proved possible to intensify the sense of guardianship inherent in some dogs.

A guard dog ready for action

Correct placing of the dogs when trained was most important, and an NCO from each protecting company spent two or three days at the school to learn by practical experience how this might best be accomplished.

The dogs were fed when coming off duty, and were allowed to rest except for a most important short walk, before coming fresh on duty in the evening. Contrary to some mistaken beliefs, a dog cannot go on for twenty-four hours non-stop, it needs to sleep like human beings. Children who complained to my wife that their puppy wouldn't play, realized why after she pointed out it needed as much rest as they did, probably more, and was quite worn out.

Guard dogs were extensively used all over the country to protect factories, magazines and arsenals, and it was found that as a result the number of sentries could be reduced by half, an economy the authorities greatly appreciated.

However, the dogs were issued very quietly from the war dog school and the whole movement kept secret, as the school was for the greater part of the time on the sea coast of Shoeburyness, where there were frequent air-raids and a risk that bombs might be dropped on the dog training grounds.

Reports that came in from all over the country were universally favourable:

> With reference to your visit with OC troops and your queries to the usefulness of watch dogs, I have to report that I find these dogs of the greatest assistance in closed stores.
>
> When I took over the supply depot two months ago, I was having stores broken into nightly; but since the advent of the dogs there has been no case of a store being broken into.
>
> On two occasions stores have been tampered with, and it is evident the persons attempting the entry of the stores had thought better of it, on discovering the canine occupants.
>
> Lt. Colonel Sykes, OC, RASC Bulford Sub-District
> (E.H. Richardson, *British War Dogs*)

> I am pleased to report that the dogs have been very serviceable in their duties as watch dogs over ammunition dumps. In all cases where they have been in use, I have been able to reduce the guard by half; they have always given due notice of anyone approaching the post, besides being a sense of security to the guards and patrols. Posts and wire have been in use in different position, and the dogs put on different wires at different times; this has worked well.
>
> (Signed) E.H. Coombe, Major and OC Ipswich.

I have the honour to report that the work of the dogs with outlying detachments of this company has been satisfactory.

It was estimated that these dogs were equal to one sentry, and a reduction in personnel of ten men was attributable to their presence.

The dogs are doing patrol work along with sentries on night duty and were also employed onside barbed wire entanglements to prevent approach of unauthorised persons to certain Government property.

No active aggression has been attempted, but notice was always given by the dogs barking freely at any strangers approaching, and also of people loitering in the vicinity.

I have the honour to be, sir,

(signed) M. Taylor Major, Commanding No. 214 Protection Company RDC, Fonthill Barracks, Aberdeen.

Many other letters could be given, all appreciative of the dogs' work.

Some very find Airedales were sent also to the Base headquarters in Italy. The officer in whose charge they were wrote to Colonel Richardson: 'I am satisfied that the dogs have been a complete success. They have taken the place of four NCO's and twelve men daily.'

One of the guard dogs at the school was an elderly Labrador bitch, really past the work. To everybody's great astonishment, she produced one puppy. She was very proud of it, and when Colonel Richardson made his morning rounds, would sit at the entrance to her kennel, holding it up in her mouth for him to admire. Visitors approaching the kennel found the puppy hastily brought out from the back to receive their congratulations.

Like the guard dog, the sentry dog worked at night and rested by day. However, whereas the guard dog was given a definite place to protect, the sentry dog was trained to give warning of the approach of strangers at any given spot, and with any man with whom it was posted. Middle-sized dogs possessed of acute hearing and scent,

Messenger dogs waiting for the command

and imbued with a strong sense of duty, were chosen: collies, Airedales and Irish terriers. Dogs were preferred to bitches, as they were more aggressive.

On duty at night, they rested by day in a quiet spot where the only visitor was the keeper, selected for his knowledge of dogs. If they constantly saw strangers they lost their keenness. At dusk, the dogs undergoing training were led to various spots where strangers approached from all directions. It seldom took very long for the dog to grasp that it must be constantly on the alert, although when first drafted from the training school to a unit, it required a day or two to settle down and develop a possessive sense of its new surroundings.

Trench warfare gave only limited scope for the sentry dog. It came into its own in conditions of open warfare in hostile country, where it might accompany a patrol. For example, General Botha was very pleased with the eighteen Airedales attached to the South-West Africa Force, for they gave timely warning of a large ambush by enemy themselves surprised. Dogs averted what might have been a disaster in Egypt. They warned infantry, blinded by mist, that the enemy was approaching, so unmistakeably that the order was given to fire into the mist. When it cleared, numbers of enemy dead were seen.

An Airedale Colonel Richardson supplied to an officer of the Berkshire Regiment, taken on patrol one night suddenly stopped and began to growl. The party saw and heard nothing suspicious, but the officer ordered the men to lie flat. Immediately afterwards, an enemy patrol passed by close to them without noticing. 'Our patrol then rose noiselessly and captured them all,' he reported.

Three years before World War One, Airedales sent to the 6th Ghurkas as sentries proved invaluable in the Arbor campaign.

In July 1918, after Colonel Richardson had returned from an inspection of the entire messenger dog service in

France, the War Office ordered an increase in the establishment of the dog school. Shoeburyness was already congested, and a new site was found on Matley Ridge, above Lyndhurst in the New Forest. Here there was a fine stretch of country for training, which went on satisfactorily until May 1919. Colonel Richardson reported:

> Trackless woods, deep heather, bogs and streams, all added to the difficulties of the messenger dogs homeward journey. The wide extent of country available here was useful, as it was possible to send out large quantities of dogs in a complete circle for several miles round, and in this way relays of pupils in different stages of training could all be sent out at one time. There were sometimes as many as seventy or eighty dogs running at the same time.

Shortly before the Armistice in November 1918, the latest instructions for divisional attack ordered that infantry battalions in the attack were to be provided with messenger dogs.

The Colonel was jubilant. In his own words:

> This seemed to set a seal on the work. The long uphill struggle, the open sneers, the active obstruction, the grudging assistance, all was forgotten, in the knowledge that countless men's lives had been saved and that this fact had now been realised and acknowledged. Field Marshal Haig, in his final despatch on the war, pays a tribute to the work the messenger dogs did in the field.

This was to Haig's credit, bearing in mind the post-war scramble for honours and awards. It is the only occasion on which a little of the Colonel's resentment at years of khaki-clad bumbledom escapes. In old-fashioned courtesy and gentleness, reminiscent though heaven knows in no derogatory sense, of the White Knight in *Alice Through The*

Looking Glass; he never complains elsewhere of his exasperation at the stubborn refusal of the War Office to listen to what in the end they had to ask him to do.

After the Armistice was signed, however, and at the eleventh hour of the eleventh day of the eleventh month the guns all over the world fell silent, there was no call for attack divisions of battalions with dogs.

In the middle of March 1919 Major Waley was ordered to 'liquidate', the messenger dog service in France. It had been suggested that one section kennel should be transferred complete with dogs and personnel to England, and that the remainder of the dogs should be sold by auction in Paris. This idea had been given up, and Major Waley was now instructed that the dogs were to be given to any officer or other rank remaining with the Army of the Rhine. A notice was sent round to all armies saying that on receipt of twenty francs, which was to cover the expense of muzzle, message carrier, chain and collar, dogs could be supplied. Over 500 applications were received, and it therefore became necessary to ballot for the dogs. Fifty per cent of the demands from all other ranks were first met, and all dogs were despatched to their new masters by 4 April, the central kennel being finally closed down on 6 April.

The dog school moved to Bulford on Salisbury Plain in May 1919. Some dogs had been sent to Ireland to act as sentries and guard dogs for the troops engaged there, but were no longer needed after the Treaty of 1921 established the Irish Free State. The school was going to be wound up, despite the Colonel's reasoned arguments in his, *British War Dogs*, why a small establishment, at least, ought to be maintained. The attitude of mind of the general who told him he was not only not interested in the use of dogs, but strongly disapproved of such measures, still ruled the War Office. No matter if dogs had freely given their lives to prove how valuable their services could be, their sacrifice was in vain so far as authority was concerned. (It was a different story naturally for those they'd rescued.)

When the Armistice was signed, although of course he could not know it, the colonel was to live for another thirty years. Whatever he might occupy himself with during that time remained to be seen. One thing was clear, never again would he be invited to run an army dog school. Never again would his vast experience be consulted officially.

He retired into the obscurity of private life with an OBE, no knighthood, richly as he deserved it considering all he had done for the country. He was grudgingly promoted to half colonel, the least that could be offered.

An imposing butcher's bill, a long casualty list, may be tacked onto military honours; whereas the dogs the Colonel trained had saved hundreds of lives since they first rescued Russian wounded in the millet fields of Manchuria during the Russo-Japanese War of 1904.

Elegy on the Death of Bingo Our Trench Dog

Weep, weep, ye dwellers in the delved earth,
Ah, weep, ye watchers by the dismal shore
Of No Man's Land, for Bingo is no more;
He is no more, and well ye knew his worth,
For whom on bully beefless days were kept
Rare bones by each according to his means,
And while the Quartermaster-Sergeant slept,
The elusive pork was rescued from the beans.
He is no more and, impudently brave
The loathly rats sit grinning on his grave.

Him mourn the grimy cocks and bombers ten,
The sentinels in lonely posts forlorn,
The fierce patrols with hands and tunics torn,
The furtive band of sanitary men.
The murmuring sound of grief along the length
Of traversed trench the startled Hun could hear;

The Captain, as he struck him off the strength,
Let fall a sad and solitary tear;
'Tis even said a batman passing by
Had seen the Sergeant-Major wipe his eye.

The fearful fervour of the feline chase
He never knew, poor dog, he never knew;
Content with optimistic zeal to woo
Reluctant rodents in this murky place,
He never played with children on clean grass,
Nor dozed at ease beside the flowing embers,
Nor watched with hopeful eye the tea-cakes pass,
Nor smelt the heather-smell of Scotch Septembers,
For he was born amid a world at war
Although unrecking what we struggled for.

Yet who shall say that Bingo was unblest
Though all his Sprattless life was passed beneath
The roar of mortars and the whistling breath
Of grim nocturnal heavies going West?
Unmoved he heard the evening hymn of hate,
Unmoved would gaze into his master's eyes,
For all the sorrows men for men create
In search of happiness wise dogs despise,
Finding ecstatic joy in every rag
And every smile of friendship worth a wag.

Major E. De Stein

5 After Armistice

'Animals do their Bit' by Frank Hart

5 After Armistice

Was a bullet apiece to be the reward of the war dogs for their faithful service and treasured companionship? Must they be shot if they could not enter England? Or could something be done to help the demobilized ex-servicemen eager not to be parted from their four-footed chums and to bring them safely home with them? Such was the problem anxiously debated by the council of the RSPCA in the weeks immediately succeeding the Armistice, as desperate appeals flooded the society's headquarters.

From a corporal, RGA:

> I found him in a dug-out on the old Somme battlefield, half-starved, and since then he has shared my meals and also my blankets at night. He is such a faithful companion and guard I cannot think of leaving him behind when I return to Blighty.

From a corporal, Royal Engineers:

> My dog is of no known breed, yet his intelligence exceeds that of many human beings I have met. He has been my companion and the companion of our little section through many terrible times. We cannot discard him in the day of peace.

One of the most pathetic appeals came from a private, 1/17th London Regiment:

> He has been a faithful animal to me both in holding and attacking. I have had him about twelve months, and he was with me all though the retirement of 1918, and with me through the late attacks since August 1918. He has been slightly wounded twice in going over the top with me, but he has been inoculated by a friend in the RAMC each time. Kindly do your best for me, as I think he deserves to come with me, as he has stuck to me through thick and thin, and when I was wounded and could not walk he stayed with me all through the attack under a heavy barrage for nearly three hours, so you can imagine how attached I am to him …

From a private, Advanced Section, AP and SS:

> I have a little fox terrier. He came to our unit as a puppy and is now about three years old. In all our movements, extending from time to time practically all over the Western Front, he has always been with us, standing side by side in times of danger. Apart from being such a companion, he has proved his worth over and over again, for in most of our moves we have had the company of rats, etc. This little fellow has killed some hundreds. Many nights we would have gone without sleep at all, only for his guard, which has been a boon to all.

The difficulty was financial. Rabies had been stamped out in Great Britain in 1902, and to avoid re-introducing it, dogs coming into the country from abroad were quarantined as a precaution for not less than six months, for the symptoms of the disease are very slow to appear. It cost £14 to quarantine a dog, a month's wages for a farm worker, and many soldiers, officers as well as privates, could not afford it.

In 1917 the RSPCA Council had undertaken to defray the whole or part of the expense of renewing 542 dogs' licences for those who had difficulty in finding the money, especially soldiers and sailors. Well aware that if our soldiers had been paid at the same rate as munition workers they would be in a position to pay the quarantine fees, the RSPCA undertook to pay them with the blessing of the Army Council. It was a magnificent gesture and interpreted literally the responsibilities implicit in the title of the society to protect animals. No one who has not witnessed the misery of a deserted dog can have any idea of how greatly it suffers and it was a gesture that protected alike, Pascal from the Western Front and Fido at home.

Kennels had to be built, for the existing accommodation was not large enough to take the numbers of dogs expected. Special kennels were set up for 500 dogs by arrangement with the Battersea Dogs Home at Hackbridge, the quarantine station of the home. The kennels were allocated according to where the dogs came from; 450 of these were reserved for dogs from France, 25 for dogs from Salonika, 15 from Egypt and 10 from Italy.

To meet the expense, and to ensure that each dog would be claimed at the end of the quarantine period, each owner was asked to pay £2, a special licence being issued by the soldier's commanding officer who made careful enquiries into the genuineness of each case. The RSPCA's offer was conditional on the humane destruction of all dogs that could not be brought back, and the authorities issued definite instructions on that point.

A fund for soldiers' dogs opened at the request of the Army Council was quite well supported by the public, while the *Evening News* arranged a sale of cartoons by its famous caricaturist 'Poy'. Great interest was aroused by the association of the Irish terrier, Prince, to the fund, hero of a most extraordinary journey. He went looking for his master from Hammersmith to France, overjoyed to find him at last in trenches at Armentières.

Expenses continued to exceed receipts, however. The society had already gone to considerable expense founding a hospital for Australian forces in France in association with the charitable Australian Purple Heart Society, and also built a special Canadian veterinary hospital for 2,500 animals, complete with motor ambulances and an operating theatre. Further instances of how literally the council accepted its responsibilities.

The Charity Commissioners of the War Charities Act of 1916 permitted £15,000 to be transferred to the dog fund from the RSPCA sick and wounded horses fund, and a further £10,000 was invested, with the interim interest available to the society.

The story of Prince was a little too wonderful for many people, who dismissed it as a fairy tale, until the society went to some trouble to verify the facts of what may well be the most extraordinary dog story of all time, and, like the best fairy tales, ended happily.

The details of his journey are still a mystery, but the story opens in September 1914 when James Brown went to France with the North Staffordshire Regiment, leaving his wife and Prince behind, at Buttevant in Ireland. Dog and master were much attached to each other and for some days after his master departed, Prince moped and refused to be comforted. Shortly afterwards, Mrs Brown visited her husband's home at Stafford, taking Prince with her. After a stay of a few weeks she took him to her home at Hammersmith.

About a month later, Prince disappeared and a search proved unavailing. Mrs Brown wrote informing her husband of the loss of his pet, and a few days later wrote again. To her amazement she received a reply to her second letter explaining that Prince was safe with his master in France.

Exactly how he got to France will never be known, but the facts available show that he arrived suddenly at Armentières, apparently from nowhere, and greeted his master with the greatest display of affection, as though he had sought him out and was overjoyed at his success in finding him. The news spread like wildfire through the regiment, and next morning Private Brown had to parade with his pet before his commanding officer so that the latter could believe his own eyes.

It is good to record that Private Brown went right through the war unscathed, and was re-united with Prince after he successfully completed his six months' quarantine. The RSPCA eventually brought Prince back to this country, but one sad day in 1921 he picked up a piece of poisoned meat in the street and died, despite all that could be done for him.

The Royal Army Veterinary Corps was considering building a new enlarged quarantine station in the late summer of 1918, to replace small isolation units at the Channel ports. Plans had been drawn up by the Royal Engineers, but the estimated cost between £30,000 and £35,000 was being considered when the kennels run up by the RSPCA at Hackbridge made building unnecessary.

Soldiers' dogs were taken to a veterinary hospital set apart for the purpose near Boulogne. Each dog was examined by a veterinary surgeon on arrival, and on each day during its stay in the hospital. All dogs were kept in this hospital for at least five days, and received every attention. Each batch of dogs was taken across the Channel by a sergeant and a number of men of the RAVC, and on landing at Southampton, met by an inspector of the RSPCA and taken straight to the society's quarantine kennels at Hackbridge. Here the dogs were again examined by a veterinary surgeon before commencing their six months' quarantine.

The whole scheme proved a gratifying success, and the last dog was discharged from quarantine in December 1919. No fewer than 580 dogs, pets of individual soldiers and military units of various kinds, were brought to Hackbridge under proper safeguards in charge of non-commissioned officers and men of the Royal Army Veterinary Corps. The society's report for 1920 observes:

> Only ten animals died from various and unavoidable causes during a period of two years, and this is regarded as an eloquent tribute to the good management of the Resident Veterinary Surgeon (Captain Stow-Young, MC, MRCVS) at the Home, and the Staff, who gave unremitting care to the animals that were in need of individual care following their ordeal in the field and trenches, in order to restore them to normal health. The scheme was, thanks to the help of the Branch Secretaries and Committees, and the support of the general public, a financial success, and by order of the Charity Commissioners the surplus of £5,300 was invested in augmentation of the balance of the late Sick and Wounded Horses Fund for the resuscitation of that Fund in the unhappy event of a future war. It is pleasing to record that your Council received many letters of grateful thanks from owners who were thus able to receive their dogs in their own homes.

Nevertheless, despite the council's public-spirited generosity, the stringent official legislation, and the army, navy and air force regulations forbidding importation, rabies broke out in 1918 from dogs smuggled in on returning troopships in one instance, at least, from an aeroplane. The Coldstream Guards set the worst example. (All regulations successfully defied) Drummer Jack, a terrier regimental mascot, was brought back to England and never quarantined.

Discussing rabies and the cases he diagnosed at home and abroad, the late professor Sir Frederick Hobday, former Principal and Dean of the Royal Veterinary College, London, wrote in his book *Fifty Years A Veterinary Surgeon*:

> Only those who have actually witnessed death from this horrible disease, who have witnessed a human patient, or an animal, suffering from it can realise to the full extent its horrors and the immense importance of every means which can be taken to prevent it. Yet there are fools – can one use a less disparaging word? – who think it is clever to break the

> rules and regulations which stand as a barrier to prevent any recurrence of the horrors which years of labour and research have abolished.

He emphasizes the natural barrier imposed by the Channel, lost of course, if a Channel tunnel opens the door to a rabies invasion.

In the present instance, initial outbreaks in the Plymouth district between 24 August and 31 December 1918, were followed by fresh outbreaks in South Wales, the Home Counties and London, each focus attributable to illegal entry of an infected dog. Muzzle and leash restrictions and destruction of strays brought the disease slowly under control and stopped it spreading further north, but between 1918 and 1922 there were confirmed cases in 312 dogs, 8 cattle, 2 sheep, 3 swine and 3 horses. In addition, 358 persons were known to have been bitten by suspect dogs, of whom 123 were actually bitten by rabid dogs and 144 underwent the Pasteur treatment by arrangement with the Ministry of Health.

Standstill orders restricting movement except under licence are vital in the control and eradication of the infection for, as a horse suffering from colic circles endlessly to escape the fire in its belly, a dog frenzied by rabies will run for miles. Sir Frederick gives some illuminating figures. One dog went twenty miles, being shot while still going strong because it bit a man. Another ran eight miles but was then shot as it had bitten two men and seven dogs. Two others ran thirty miles, one was shot while still going strong, the second died of exhaustion. Another dog, rather a pathetic case, after running twelve miles and biting ten people, returned home where it died two days later. Tragic fate for heroes of the Western Front, the bullet that spared them in Flanders was later their sole release!

It should be made compulsory for those who smuggle

dogs into the country, or who clamour to do away with quarantine altogether, that they watch the film Sir Frederick saw in France of a boy six years old dying of rabies.

Twenty years later, in the summer of 1940, another massive invasion of rabies was only narrowly averted through the vigilance of inspectors of the RSPCA.

It was the summer that saw the miracle of Dunkirk, when the little ships saved the British Army from captivity. Paul Galico, the author of *The Snow Goose*, that poignant tale of Dunkirk, should relate the story of that other miracle, the rescue of the dogs of the Dunkirk beaches.

Hundreds of them, roaming the smoking sands in misery and terror, or waiting patiently beside a chum in khaki or blue who had suddenly tumbled down and seemed to be asleep. Not war dogs, although here and there a mascot from a French regiment might be glimpsed, but poor, homeless, harassed, starving dogs driven from their homes and farms by the remorseless onrush of the German panzers.

Behind them, a doomed French and British rearguard fought desperately in the burning town to hold off the panzers, and buy time for the long files of exhausted soldiers queueing at the edge of the sea to embark in the little ships come to snatch them to safety.

For many days the dogs had followed the soldiers to the coast, finding security in the ranks. They sought their company again now, certain with the sureness of canine instinct that the men who had befriended them in their appalling need would not desert them at the last. They were not mistaken, said the RSPCA report proudly. Would it were always so today! When the troops embarked, the dogs accompanied them – *that* was their humble miracle! – and the result was that all along the Thames estuary and the south and south-east coast where

The last dog from Dunkirk

the little ships landed wearied men, equally wearied and homeless dogs were brought ashore.

The danger to Britain's animals resulting from an outbreak of rabies in such circumstances is too obvious to be stressed, the report continues: 'RSPCA inspectors did a great work by caring for these animals until something could be done for them.' This is a very modest claim. In fact, they saved the country from another appalling outbreak of rabies, as long-lasting as the previous one of 1918-22, and this time perhaps proving impossible to eradicate.

Frequently the soldiers would leave the ship and the dogs would still be aboard. In such cases the society's inspectors would have to round them up. The inspector at Folkestone was engaged in this task below decks on one occasion, when, coming on deck, he was surprised to find the ship well out at sea. The captain, with commendable impatience, could not wait to unship the dogs but must needs return immediately to Dunkirk for the troops still waiting patiently on the beaches. Thanks to the Royal Air Force and the Royal Navy, he returned safely to Folkestone with the dogs. To quote once more from the RSPCA report: 'to the Birmingham branch of the RSPCA must go the credit for quarantining the last dog from Dunkirk. Many dogs were smuggled by the troops from the ports far inland, but common sense eventually prevailed and these dogs, one of which travelled as far as Leicester before being detected and put in the charge of the Leicester branch, were placed in quarantine and eventually found good homes, those hopelessly injured or diseased being painlessly destroyed.'

The flippant treatment of the regulations by the medical officer of the Canadian Scottish Regiment is astonishing: 'The immigration laws were studied and it was decided they must be circumvented,' says Major Edwards, and Wallace the regimental mascot, a large shaggy St Bernard, was smuggled aboard the troopship which carried it to Britain. On arriving at a Scottish port, the medical officer gave Wallace some sleeping pills, but he was discovered by the immigration officials and sent into quarantine. When the Canadian Scottish went to Normandy with the invading forces in 1944 Wallace was left at the depot of its allied British regiment The Royal Scots, at Glencorse in Scotland. He died in 1950 and his ashes were preserved in an urn in the officers' mess.

Today, with rabies imminent across the Channel, an anti-terrorist squad of rabies specialists of the Animal Health Division, Ministry of Agriculture, is on duty round the clock.

6 Dogs to the Front Once More

Sergeant Bill Adams with messenger dog Sam at Uxbridge, 1941.
Adams is inserting a message into a special collar prior to release

6 Dogs to the Front Once More

Colonel Richardson was destined to see World War Two out as he had watched the first pass with its bitter memories of family loss. In the years between the Armistice and Dunkirk, he would continue to breed and train dogs for private requests as in the past, and note with regret his beloved Airedales slowly go out of fashion. In their place German Shepherd dogs, tactfully called Alsatians, a name with no unfortunate associations, became increasingly popular, pushed into prominence at every opportunity by the Alsatian Society.

The Royal Army Veterinary Corps had by no means forgotten how useful dogs proved during the Kaiser's War, but 1940 saw the retreat from Dunkirk and 1941 the Battle of Britain. It was not until March 1942 that Brigadier Murray CBE, Director of the Army Veterinary and Remount Services, presided over a meeting called at the War Office of representatives of various British Army units, the Ministry of Aircraft Production and the RSPCA. It was decided that 2,500 dogs were required at once, especially as guard dogs at hundreds of factories and aerodromes and other vulnerable points. There was no time to attempt any mass breeding of suitable dogs, which would at once raise problems of health and hygiene inevitable when numbers of them are crowded together.

Instead, an appeal was made to the public on a national scale, as in World War One, sponsored by the RSPCA, whose inspectors interviewed the owners of suitable dogs and examined them. Alsatians, Airedales, collies, lurchers and various cross-breeds were particularly suitable. Altogether 10,000 dogs were inspected, and 3,000 accepted, although a considerable number had to be returned to their owners later because they proved gun-shy when tested with thunder-flashes.

The RSPCA was criticized for supporting the scheme on grounds that its function was to protect animals, not expose them to danger. It replied by asking what would have been their fate if the Nazis had won? As it was, the part they played proved indispensable in securing victory.

Little protection for animals was possible during the perilous years Britain stood alone and isolated and bombs rained down on her defenceless cities. No other country in the world at that time had a higher sense of responsibility towards animals than Britain, and the rescue operations the RSPCA carried out among the rubble were tirelessly supported by the Blue Cross and PDSA animal societies. The PDSA introduced the Dickin medal, an animals' VC for heroism, while during 1940 alone the Blue Cross rescued 43,923 dogs, 592 horses, 392 cats and 1,063 other animals, largely from bombed areas.

In 1942 when the War Office meeting was convened, an experimental unit of four dogs existed at the cavalry barracks at Aldershot. As a result of the appeal it soon expanded to forty dogs in the veterinary charge of Captain D.C.E. Danby, RAVC. The Army Dog Training School came into existence, including among its members names famous at Crufts in peacetime, that of H.S. Lloyd in particular. Others were not widely known except in their own parish, for example Private Bill Adams who had trained Alsatians for years before he was called up with his age group into the South Lancashire Regiment. Once in the army, he heard of the school, and wrote to Mr Lloyd, who got him transferred. Colonel Baldwyn, who had started a unit for RAF dogs, also asked for his services, but he decided to stay with the army.

Dog handler PC Martyn Coxon holds the National Canine Defence League Certificate awarded to Yerba, a six-year-old German Shepherd dog, killed confronting two armed men in 1984. Othello, Yerba's nephew accompanies Martyn

His reminiscences of the years he spent with war dogs were recorded by D.H. Baxter in an interview published in Crufts official Souvenir and Show Guide 1987, under the title *War Dogs Training School*. They grow more precious with passing years and permission to quote from the interview is gratefully acknowledged.

Collie dogs, lurchers and Alsatians soon proved their capabilities, but Sergeant Adams, as he became, could only remember one Airedale, Mark, sent in by Lady Reith, joining the dog school. He was already eight years old: 'A very good – a cracking dog – with excellent sight, but we discovered he was already going deaf. When the wind was against him, we found we could walk right up behind him. Obviously he was not fit for active service.'

Some unusual breeds appeared occasionally, for instance Buller, described as a black Rhodesian Ridgeback, was later killed on active service in Italy. Dogs continued to arrive in increasing numbers, and the school moved from Aldershot to Mr Lloyd's Swakeley's kennels, and then to the Brackenburys kennels at Harefield. When the number of dogs rose to 250 new premises were found at the Greyhound Racing Association kennels at Potters Bar, where it stayed until April 1945.

They were well equipped with a pharmacy, operating theatre and X-ray facilities, all indispensable in preventing disease breaking out among an establishment of from 300-400 dogs constantly coming and going. New arrivals from all over England were given an injection of anti-distemper serum during their first fortnight at the school, when their temperature was taken every day. When dogs were sent to the school in numbers exceeding ten per day, throat infections developed from fretting and constant barking. Taking temperatures daily revealed cases of tonsillitis which were immediately isolated.

ATS personnel were drafted to the school for kennel duties, and it would be difficult to praise too highly their devoted care of the dogs, in the hospital especially they were indeed ministering angels. Promotion and the offer of a commission were refused in order to continue nursing a sick dog.

The original aim of the unit was to find ways of baffling tracker dogs once they picked up a trail. The Germans were using them with some success to run down Allied agents parachuting into occupied territory. When war broke out, the Germans had a considerable number of dogs trained for various purposes for, unlike the French and British, they had not let their dog schools lapse; and their tracker dogs were taught to attack the quarry they discovered, which was not the British custom.

To begin with Sergeant Adams and his great friend Ron Darbyshire, a noted dog breeder, and such men as Scott, Garner and MacQueen, who were no strangers to Crufts

Training near Uxbridge, 1941. From left to right: Trotter with Sally and Prince (no. 1); Adams with Walter and Carl; Darbyshire with Tess and Bango; Hopper with Nipper and Max; Cooke; Garner and Capt. G. Kent

Ready for action, Northaw, Herts. From left to right:
Cpl Slark; Cpl Aptaker; Pat Reading; Penny Stockton; Merle
Mattrasse (Mrs R. Darbyshire)

in peacetime, trained famous dogs like Tony, Carl, Jasper and Ranee as messenger and patrol dogs, in a matter of weeks as hitherto.

History does repeat itself. Save for his different uniform, a snapshot of Sergeant Adams attaching a message to the collar of a messenger dog, is almost identical with a picture of a soldier of World War One doing likewise, opposite page 133 of Colonel Richardson's book *British War Dogs* (1920).

History was again repeated when the trainer-handlers were sent out, each to a different regiment, to show how valuable the dogs' services could be and met with a mixed reception. Just as in the Kaiser's War, some COs were scornful, a few actively hostile. Happily, however, dislike never led to the brutal summary execution of those only anxious to please, that disfigure the pages of the *Messenger Dog Book of World War One* (held in the Imperial War Museum).

Subsequently the regiments sent men to the school to be trained with a particular dog for which they were responsible. Volunteers with country connections – farm workers, gamekeepers and the like – were first choice, but those without country associations who genuinely admired dogs and were eager to learn how to handle them were quite as acceptable as they had been to Colonel Richardson in 1917.

They learnt that the dogs were trained as in the past by the reward system. Their artless and appealing desire to please was gratified by the reward of an encouraging pat, a word of approval or a tit-bit of meat, for instant obedience to five basic words of command – heel, sit, down, come and stay. On this foundation followed specialized training as guard or messenger dog, casualty (Red Cross), tracker, infantry patrol and mine-detection dog. No attempt was made to teach more than one skill. The aim was to make each type of dog a specialist in its own sphere. Of them all, the tracker dog required the longest training.

Age, temperament and sex all had to be considered in training a dog, of course, 'you cannot teach an old dog new tricks,' says the adage, and some dogs age more

Patrol dog Drake and second patrol dog Prince with their handlers in Havert, Germany, 1945

quickly than others. Two dogs of the same breed may look alike, but differ widely in temperament. Alsatians were popular, yet Tom Scott, formerly of the Metropolitan Police Dog Section, points out that only one in ten Alsatians has the qualifications necessary to make a good security or police dog, because of the wide range of temperament. Personality has always to be allowed for. Some dogs are inclined to be frivolous, the poodle comes to mind; others may be wilful, like the bull terrier that deserted its guard post one wet night for the comfort of the guard room fire, which it firmly refused to leave. Bitches, generally speaking, are less aggressive in nature than dogs, which appear noisy extroverts by contrast.

Corporal punishment was strictly forbidden, whether of disobedient dogs or those slow to learn. It cows and antagonizes a dog, while bitches are particularly afraid of physical violence meted out by master or mistress. Colonel Conrad Most of the German Army, however, advises in his dog training manual that the handler should at all times carry a whip as badge of office; as the vine stick a Roman centurion carried signified he could order a flogging at will.

During the first critical days, the volunteer holder was himself on trial. Quietly watched, those who proved irritable or impatient were dismissed back to their units. From the beginning, patience and sympathy were all-important to their charges, for no dog serves his master so well as the one he has trained himself. 'Community of thought and interest is essential to beget sympathy, interest, etc.,' Professor Wesley Mills remarks in his *Nature and Development of Animal Intelligence*.

Modifications might be necessary in the changing conditions of total war where civilians were in the front line. Thus of the six basic systems of training: messenger dogs might be trained to carry loads; casualty detection dogs searched bombed buildings for survivors; mine detection dogs discovered buried caches of arms; and patrol dogs acted as silent sentries in jungle bivouacs and lonely outposts.

On the Home Front such modifications quickly appeared. After an air-raid one night in 1940, Beauty, a wire-haired terrier owned by Mr Bill Barnett, a PDSA veterinary officer, began to dig at a spot of her own while her master and his squad frantically searched the rubble for survivors. Some moments later, at the spot where she'd busied herself, a cat was found buried but alive, beneath a damaged table.

As a result of her further efforts, sixty-three animals which might otherwise have died were rescued alive that night. She was presented with a silver-mounted medal inscribed 'For Services Rendered' from the Deputy Mayor of Hendon, and given 'the freedom of Holland Park and all the trees therein'. Admiral Sir Edward Evans presented her with a Dickin medal in January, 1945, the citation reading: 'For being the pioneer dog in locating buried air-raid victims while serving with the P.D.S.A. Rescue Squad.'

Mention may here be made of Judy, who also had a Dickin medal conferred upon her in January 1945, after she had been liberated from a Japanese prison camp. Here the citation ran: 'For magnificent courage and endurance in Japanese prison camps, thus helping to maintain morale among her fellow prisoners and saving many lives by her intelligence and watchfulness.'

A pure-bred English pointer born in Shanghai in 1936, adopted as a mascot by the Royal Navy, she served in several gunboats until torpedoed and captured by the Japanese, and spent two years as their prisoner of war 'under the most horrifying conditions in Sumatra', says the official report, 'where prisoners of war were used as slave labour to lay 3,000 miles of railway track'. During that time she distinguished herself by her devotion to leading aircraftsman Frank Williams to whom she attached herself; by her hatred of the Japanese guards who several times tried to shoot her, and by threatening and distracting them on many occasions when they began to beat their prisoners.

Meanwhile, Sergeant Adams and some of his friends, Ron Darbyshire among them, were sent to Gibraltar to train dogs to guard the airfield and Spitfire fighters shipped out from home in crates and assembled at

Gibraltar for service in North Africa.

War dog 1486, Bruce of Chadwick, bred by Ron Darbyshire, accompanied them and later died on active service in Italy in 1944. Army dog 205, Rin, died on active service in Gibraltar. Some dogs went on to Africa and after a tour of duty were transferred to Italy and turned over to the military police with dogs from Gibraltar, to guard depots and magazines.

Remembered today only by faded words on the back of a faded photograph or mention in an RSPCA report, those dogs performed magnificently, their devotion to duty playing an indispensable part from the earliest days of the war on an even wider scale than during World War One, particularly as guard dogs in the Middle East against murderous native thieves, notorious in the Kaiser's war.

A boxer's thin coat gives poor protection against extremes of weather, and they do suffer from the cold. In the furnace-like heat of the desert they appeared comfortably at home, and a typical epitaph runs as follows: 'No 9 Simmi (Boxer), Guard Dog Simmi joined the section on 16th July and died on 18th September 1944. During his service Simmi had to his credit eighty-six arrests, most of these being outstanding in the whole-hearted manner in which he carried out his duties.'

Simmi was four years old and carried out his duty chiefly on night patrols in the Middle East. Trained off the chain, he was trained to bring his man down and hold him till the military police arrived. Any thief who turned and ran was invariably caught. For example, on one occasion he was patrolling a dump with his handler when a train arrived and unloading began. A native was seen to descend from a truck with some articles from a broken case.

> He was arrested and on the way to the compound he escaped and ran towards a moving train. Simmi pursued him, but the

> native jumped on to the train. Simmi pulled him away and held him until the handler arrived. The native was very violent and tried to escape twice after that, but on both occasions the dog caught him again and held him until he was safely lodged in the jail.

Rina, another boxer, 'followed some native thieves nearly two miles into the desert. Although almost exhausted herself, she succeeded in capturing and holding a thief until the arrival of her handler, who took the man into custody.' (D.H. Bourne, *They Also Serve*).

Ran was a great-hearted boxer dog who 'always ran into danger not away from it. One night five thieves broke into a dump. Four had loaded sticks and the fifth a machete, a huge knife and a very dangerous weapon. Ran attacked and his handler blew his whistle but before assistance arrived he was struck down. Ran successfully held off the natives from injuring the handler further until help arrived and then captured one of the thieves.' (D.H. Bourne, *They Also Serve*).

An Alsatian, Akeela, picked up eight thieves armed with loaded sticks. The thieves seeing only one dog and its handler attacked with their sticks. Corporal Wigley, the handler, was struck to the ground but was able to draw his pistol and kill one of the thieves. During the battle Akeela drove off the remaining thieves and secured another. By this time assistance arrived and much War Department property was saved and recovered!

Lance Corporal Ball, the handler of Blackie, another Alsatian, had cause to be grateful for its loyal protection in a very tight corner. On duty at a factory in Italy, they entered a warehouse and surprised a number of native civilians in the act of filling sacks with War Department clothing. Seeing only one man and a dog challenging them, they attacked the corporal who at once released Blackie. He knocked one man over and kept him down, at the same time rendering valuable assistance to his handler by taking random bites at the other attackers. Finally dog and man managed to arrest five of them; the remainder were arrested as they left the warehouse by another policeman who was brought to the scene by the noise.

Sergeant Adams and his friends found when they returned to England that the days of the school at Potters Bar were numbered. Captain Danby had repeatedly urged that much duplication of effort and unnecessary expense could be avoided if the school was made a unit of the Royal Army Veterinary Corps (RAVC). Early in 1945 he was sent to find a suitable site in Belgium and the dogs were moved to Zellick racecourse. The school joined 21st Army Group and men of the Jewish Brigade, and the US and Belgian Armies attended it for training. Lieutenant Colonel R.W. Stalker ADVRS of 21st Army Group, lost no time in making it a unit of the RAVC. The first RAVC commanding officer, Major D.G. Young, was appointed in November 1945.

A few months later the school moved to Germany in November 1945 to a camp that had been prepared at Sennelager. Brigadier George Young, former Director of the RAVC, recalled that the move caused a certain amount of amusement and a great deal of interest at the stations at which the train halted. In addition to 150 soldiers and some 200 dogs, the party included 50 members of the ATS and 14 horses. Every dog travelled with its own kennel, drinking bowl, feeding bowl and cleaning kit, such was the scrupulous care taken by the RAVC.

7 Heroic Tales from World War Two

'Buller' a canine hero who was shot and killed while serving in Italy

7 Heroic Tales from World War Two

Bill Adams mentioned that while he and Ron Darbyshire were sent to Gibraltar accompanied by dogs, others of the unit, among them James Scott of Thetford, the historic Norfolk market town, took dogs to America for display purposes. They demonstrated their great value for a variety of purposes, and how training could effect that admirable purpose. Quite possibly the dogs knew they were on show, for they aroused great interest by their impeccable behaviour. Blackie, an Alsatian patrol dog, travelled thousands of miles in the US where his good looks and perfect schooling were famous.

The American Army was impressed, and began to collect dogs before America entered the war. When it did so, shipping was so congested by stores and equipment the army was glad to accept the offer of dogs trained by the RAF dog school, Major Baldwyn had founded, until such time as the shipping position eased sufficiently to bring their own dogs over to the European theatre. Ultimately 10,000 dogs were employed.

The Ministry of Aircraft's Guard Dog Training School, to give its official title, was sited at that time in Gloucestershire and did yeoman service. In 1944 it became the Royal Air Force Dog Training Centre now located at Newton, Nottingham. Dogs and handlers are trained together for eight weeks. Since 1968 the centre has concentrated on turning out 'sniffer dogs' for detecting hidden drugs, firearms, and explosives.

An air officer commanding an RAF unit stated that, 'during the past two and half years, I have had two guard dog teams and with approximately 300 aircraft at dispersal, no theft or pilfering has been reported which proves that the psychological effect of dogs carrying out a patrol is far more effective than a man carrying a gun. I am a firm believer that "man always errs, but a dog well-trained – never".'

A wing commander wrote:

> Their efficiency cannot be too highly commended and by the employment of dog patrols it has been proved that much greater security is obtained than would be possible by using men alone. This is particularly so during hours of darkness when Alsatian dogs employed are very alert and will indicate to their handlers the presence of human beings at a distance of over three hundred yards. Since their arrival at the Station, no loss of equipment by theft has been reported from aircraft in dispersal fields.
>
> D.H. Bourne, *They Also Serve*

An American Air Force commander was delighted, and wrote:

> Since September 1944, we have received twenty-nine dogs from your School for use in guard duty on station at --- and ---. It is with extreme pleasure that I am able to say that results of this program have been highly successful throughout. Because of a shortage of personnel it was recommended that war dogs be used to increase the efficiency of the guard at station ---. Station --- consists of a glider storage area in which invasion gliders are assembled. The property stored here can only be represented in millions of pounds. Previously to bringing in the guard dogs, gliders were daily being pilfered of such things as tools, plexiglass, accessories and medical kits containing morphine, all necessary to the use and operation of these gliders in combat operations. In addition, many glider sections were damaged whilst being broken into.

Guard and scout dogs working with their handlers

> Consequently, glider parts which were irreplaceable were damaged beyond repair. Since the dogs were utilised, pilfering and sabotage has been completely eliminated. It is estimated that the dogs and handlers have taken the place of a guard which would normally require at least fifty or sixty men for the same protection.

The extensive base camps the Americans established in Britain in preparation for D-Day inevitably attracted dogs and cats from miles away. Finding ample meals dished up by friendly human beings at any hour of day or night and comfortable quarters for a snooze if no more could be eaten, conditions were the nearest approach to heaven most of them would ever know. True to its brief, the RSPCA was anxious about their future when D-Day dawned and the troops went overseas. General Eisenhower appreciated their problem, and despite all the urgent claims on his attention, issued the following directive. (RSPCA reports).

General Eisenhower's Order regarding Dogs and Cats at Army Camps

> *Disposition of pets* a) Upon the final departure of troops from a camp, post or station, the commanding officer concerned will not permit domestic pet animals to be abandoned, but will cause them to be placed in the custody of the local representative of the Royal Society for the Prevention of Cruelty to Animals.
> b) The Base Section Commanders are charged with responsibility for the necessary co-ordination with the RSPCA and for the rendering of every possible assistance to commanding officers and troops in effecting such disposal of domestic pet animals.

Eisenhower was the Supreme Allied Commander, so this order issued as a result of direct representation by the society bound British and Allied forces alike.

Of course, he met the society halfway. He had written to his wife:

> The friendship of a dog is precious. It becomes even more so when one is so far removed from home as we are in Africa. I have a Scottie. In him I find consolation and diversion … he is the 'one person' to whom I can talk without the conversation coming back to the war.

Possibly the Scottie was responsible for the 'order' – who can say?

The RSPCA recovered as a result 2,000 dogs and cats, among them some dogs reported missing, but who had simply found more food and a warmer welcome at the camps than at their homes where they were taken for granted.

Dogs took their full part in D-Day, many crossed the Channel with their handlers and provided invaluable services.

An Alsatian named Bing attached to the 13th Parachute Regiment got stuck in a tree when he parachuted into Normandy with his unit on the night of D-Day. Wounded in the neck and eye when the Germans mortared him at daybreak, his handler rescued him to take his place on the right of the line, which rested on a thick wood uncomfortably close to the enemy. However, despite a heavy bombardment he stuck to his post, setting a splendid example to the paras, who found his watchfulness at night a great comfort. When the battalion returned to England, he went into quarantine for six months and emerged just in time to fly with it in the operation to cross the Rhine.

His exploit was matched by that of an Alsatian named Brian, the patrol dog of the 13th Battalion Airborne Division, who qualified as a paratrooper by making the required number of jumps and landing in Normandy with the division.

Another Alsatian called Bing and a collie-cross named Rob were two noted parachute-jumpers. Bing was dropped into Yugoslavia during certain operations in the Balkans where he saved his handler's life on more than one occasion. Rob chalked up over twenty descents accompanying an infantry unit in the North Africa landings, and later served for two years with a special air service regiment in Italy as a patrol dog and guard for small parties of troops lying up in enemy territory. Known as the 'para-dog', he was awarded the PDSA Dickin medal for valour.

Mine-sniffing dogs used in France after the Normandy invasion.
Note the white tapes laid to keep the search in line

Colonel Richardson's dogs had rescued wounded Russian soldiers in Manchuria, and he would have clapped his hands in applause at their successors saving casualties, modern style. Rescue dogs, trained to accompany stretcher bearers of the airborne divisions, parachuted down to their handlers, who adjusted their special harness and gave them the order to quarter the ground on a front of some 60-100 yards. Taught to take no notice of anybody not lying down, when they did find a recumbent casualty, they ran back to their handler and sat down at his feet. He got the message, and attached a lead to the harness, whereupon the dog led him back to the wounded man, when he was always rewarded for his work. It was a tonic to the troops to know that if they were hit they'd soon be discovered and treated.

The patrol dogs of the Parachute Regiment and Airborne Division apart, guard dogs of the military police and four platoons of mine-detecting dogs were included in the invasion force. The latter crossed to Europe in the wake of D-Day to clear mines in the rear areas.

Much anxious, indeed agonized, thought had been directed at the problem of drawing the crops of dragons teeth the enemy sowed wholesale in the shape of extensive minefields. A metal-detector could detect mines where a metal container enclosed the explosive. If it was made of glass, wood or plastic, however, the detector was useless. Fortunately, the more intelligent dogs proved able to detect mines no matter what they were made of. As a trial to convert the sceptics, seventy-five mines were buried in a field, including some of glass or plastic. Triumphantly the dogs discovered every one with the exception of a small one that by an oversight contained no explosive.

They wore a harness with a long leash held by their handler, and were trained to 'freeze' and sit down the moment they sniffed out a mine, pointing at it with their sensitive nose. The handler then brushed soil or chaff away and defused it.

A visit to a mine-detecting platoon of the RE was described as being like going to a dog show. No animals were ever in finer condition and both men and animals were enthusiastic about their work. They had their off-days, of course, just like their handlers, and were prone to get bored and lose interest if mines were hard to find.

By and large the weight of a dog was too light to trigger off a mine. Nonetheless, as a Sapper put it: 'We risk our lives behind them. If one of them missed a mine the handler would be killed or wounded, but so far we have not had a single casualty in our platoon due to a dog's lapse.'

Once a technique was perfected of teaching dogs to detect buried mines, four platoons of dogs were trained on the standard reward system. It proved far more efficient than the American system which gave a dog an electric shock when it approached a mine. In these cases it was averse to going closer, and did not indicate the position of the mine so exactly.

Each platoon had a commanding officer and an establishment of twenty-two other ranks, including an RAVC sergeant, and twenty-nine dogs, divided into a headquarters and three sections. Intended primarily for employment in the rear areas, one platoon took part in the Rhine crossings. Asked if mine dogs really did find mines effectively, the commanding officer of this platoon replied that for nearly six months the platoon worked almost every day and never had a casualty on a mine-field. Nor was any complaint received that a mine had been found in a cleared area.

The dogs were particularly successful in clearing road verges and tracks, railway and tram lines. A report published in D.H. Bourne's *They Also Serve* stated: 'An RE detachment of a dog platoon consisting of one lance corporal, six handlers and eighteen dogs cleared six-and-a-half miles of tracks between 11th and 16th of February, finding some sixty-eight mines ... We were working hard at the time, and as it was often the Continental system to have railway or tram lines running along the side of their main roads, normal mine-detectors could not be used and the dogs came into their own.'

The RSPCA felt that the hazardous nature of a mine dog's employment deserved special recognition. Special collars with a medallion inscribed 'For Valour' were awarded to the most distinguished of them. Here are some citations: Texas, a Golden Labrador, a breed, it was mentioned earlier, not very successful in war work, proved a magnificent exception to the rule. He worked on the Rhine crossing under continuous shelling and through his devotion to duty contributed largely to the clearing of the approaches for the bridging of the Rhine on both banks.

Bruce (a black Labrador one of the most reliable animals at mine detection) worked for three hours checking an approach to the Reichswald Forest under the most trying conditions. A strip of railway line was cleared in record time, enabling vital supplies to be rushed through.

Ricky, a handsome Welsh collie, was engaged in the task of clearing the verges of the canal bank at Nederweet, Holland. He found all the mines. During the operation the section commander was blown up three feet away and Ricky was wounded in the face. He went on working, however, and remained calm and collected. If he had become excited he would have been a danger to the rest of the section working nearby on anti-personnel mines.

Scamp, a Dalmatian, another breed not too successful in war duties, was engaged on the clearance of Schu mines. Working under extremely hazardous conditions, he found twenty-six Schu mines in a confined space. His devotion to duty was outstanding.

Raf, an Alsatian, was blown up by a mine during the Ardennes push. He was not injured but suffered severe shock. After a period of rest, he made a complete recovery and was put on guard duty, where he was most successful.

The Russians used large numbers of dogs for mine detection and many became real heroes of the Republic, whose stories are told by Mr A. Vasilyev. Zhucha was but a mongrel yet so efficient that on one memorable occasion he found 2,000 mines in 18 days. He de-mined hundreds of miles of railway and became so important he and his handler were sent by plane to de-mine aerodromes he rendered safe in a few hours. A Nanai dog named 'Rags' covered 435 miles and discovered over a thousand mines. At Stalingrad dogs discovered 1,600 booby traps and mines, while others found 2 huge bombs buried at the entrance to the Kiev Perchersky Cathedral. The RSPCA offered to award such gallantry with similar collars and medallions awarded to British dogs, for in 1943 alone the dogs found 529,000 mines and the total for the whole war was well over a million.

Russian pilots were not forbidden to take their dogs on flights as were those of the RAF. Squadron Leader Nefedov sent his dog, Dootik, for help when his bomber was shot down by three German fighters in No Man's Land. He tied a message to his collar and fortunately no German patrols found him and his wounded crew before Dootik proudly returned some hours later with a group of Red Army men, and rescued them.

One of the photographs illustrating Sergeant Bill Adams' interview shows Sergeant Baldwyn, Sergeant Darbyshire and Corporal Cooke at Zellick, Belgium, 1945 with two captured German dogs who had been named Blitz and Beda. They look rather heavy for Alsatians, possibly they are a mastiff breed. Fritz, as he was inevitably christened, a handsome St Bernard, was the first German dog to be acquired after D-Day. He was first seen on 7 June roaming about bearing a charmed life at the height of the fighting when the Hampshire Regiment was attacking Arromanches.

Later, he appeared at Southampton accompanying some German officers who had been taken prisoner. As an illegal immigrant from the Continent, he was automatically condemned to death, and seemed to realize the fact, for escaping from the marine in charge of him, he led an RSPCA inspector a long chase down the railway line. The inspector was loathe to destroy such a fine animal, who was believed to have been a police dog originally, but luckily leading Wren, V. Elgar, came forward and paid his quarantine fee. She duly presented him to the Hampshire Regiment and he was on parade as the mascot of the 1st Batallion when the freedom of Winchester was presented to the regiment. He died in 1949.

'Rocket Despatch' was one of the more complimentary names the Americans bestowed on a propaganda dog that visited them in the Siegfried sector. It grew very tame as it passed backwards and forwards between the lines with German proposals that the war had gone on long enough and wasn't it time the Americans packed it in and went home? and pungent retorts from those who got the message. Towards the end propaganda was given up and polite requests for cigarettes made instead.

The RAF acquired an Alsatian in Italy under unusual circumstances. It was seen guarding the body of a German in a field adjoining a Spitfire squadron that moved up behind the 8th Army. Half-starved and haggard-looking, she could not be coaxed to give up her tragic vigil, so finally a net was thrown over her and, with jaws and feet secured, she was carried away. The German was given honourable burial, and this she seemed to know, for she grew much calmer when it was done. The squadron adopted her, and gave her the name of 'V', for victory. She could not be cured, however, of a distressing habit of nipping the ankle of Italian waiters. Fast asleep in the mess, outwardly lost to the world, she woke in a flash to nip some unfortunate Italian luckless enough to pass close by, and instantly resumed her slumbers. Only Italians were singled out for this attention, and a number were indignantly forced to resign.

Antis, as Jan Bozdech named him, was another German Alsatian captured when a puppy, who became the canine hero of one of the most remarkable stories of World War Two. Invidious though it be to select one story for notice more than another among such crowded laurel-wreathed records, Antis' exploits earned him the distinction of being the first foreign dog to be awarded the PDSA Dickin medal. A record of supreme devotion between man and dog, it is as thrilling to read as a boys' adventure story; clear proof that truth may well be stranger than fiction!

The tale opens when Jan Bozdech, a Czech air gunner, was shot down during a raid over Germany. Travelling by night, lying up by day, he cautiously journeyed back to the French lines with a starving Alsatian puppy he found in a deserted farm. Doggedly working south when France fell, hoping to reach Algiers, the pair of them were rescued from the sea (Jan swimming with Antis on his shoulders) by an Italian convoy. They were rescued from the sea again by the British warship that sank the convoy; and carried to England. Jan promptly joined the RAF; Antis went into quarantine, where, as soon as he was released, Jan smuggled him aboard on flights where Antis was twice wounded. After the war, Jan returned to Czechoslovakia with his inseparable companion, but before long ran into trouble with the Communist authorities and had to flee for his life. Antis guided him safely through the Iron Curtain, and saved his life by pulling down a border guard. Once more in London, Antis was awarded his medal in 1949. None surely deserved it more than he.

Mr 'Slats' Slattery of the 82nd Division 325th Machine Gun Company smuggled his brindled bull terrier, Bud, into France, and although he was gassed on the Argonne, he miraculously survived to return to America with his master. He lived to the fine old age of thirteen years, and as his heart-broken master lowered his body into a grave he had dug in a corner of a nearby war cemetery, the last post rang out. One of the cemetery staff noting what he was doing had found an old bugle.

No bugles have sounded over the graves of British war dogs, there is no lovingly-tended official cemetery where they may rest, the famous one at Edinburgh Castle providing an exception. They are buried in graves mostly unmarked, if not forgotten, all over the world. Many gave their lives for their country in North Africa but only the grave of Benghazi Ben the desert dog, mascot of 523 Armoured Brigade Company RASC, was marked by a tombstone. Very few went back bearing their laurels to blissful re-union with their original masters. Ricky, the famous mine dog who remained calm although wounded when the section commander was blown up in Holland, was deservedly one, Dodo another. Released after three and a quarter years' service, he recognized his old master at once, was overjoyed to meet him again and settled down in his old home as if he had never been away. But if no trumpet sounded a farewell to the others who never returned, yet it is as true to say of them as of their masters that wherever they may lie now, there is some corner of a foreign field that is forever England:

... There shall be
In that rich earth a richer dust concealed
A dust whom England bore, shaped, made aware,
Gave, once, her flowers to love, her ways to roam ...
Rupert Brooke

It was in 1946, when many dogs were released from the services, that the moment seemed propitious to the RSPCA to issue a medal for those who had proved themselves outstanding heroes. A handsome medallion inscribed 'For Valour' was designed to be attached to the dog's collar. To quote the report: 'Many a handsome Alsatian or Labrador now strolls suburban streets wearing his VC and contented as any Chelsea Pensioner in his quiet backwater, perhaps carrying his mistress's shopping basket in place of despatches and permitting the admiring neighbours to handle the glowing medallion that tells his fame to all.'

Today, none of those veterans can be alive. It would be interesting to know, however, if any rest in a grave still kept up and if in years to come their medals become collector's prized pieces with the others of silver and bronze awarded to those who rescued animals or faithfully served their cause.

In 1944 officers of the RAVC conferred with officers of the American Army Veterinary Corps to discuss what could be done to remedy the appalling state of liberated animals especially in Italy and Sicily. Only debilitated crocks were left after the Germans carried off the best of the horses and mules, and they were grossly overworked and brutally treated by the natives. An existing Italian SPCA was thought to be short of funds, and it was resolved that Lt. Colonel White should attempt to revive it, while the Italian government was approached to reactivate and enforce the existing Italian law against cruelty to animals. Known as the 'Liberated Countries Fund', it was cordially assisted by the American Humane

Society. Dogs must have benefited if only indirectly from all these efforts to rescue animals suffering in liberated countries. Surplus dog food, for example, was sent to Vienna.

A fund the RSPCA established in January 1940 to assist the Greek Army, which was using over 200,000 mules, was diverted after Greece was lost as the War Animals (Allies) Fund to provide veterinary requisites and ambulances for the animals belonging to the Allied armies. The greatest demands came from Russia, where, despite vast reserves of horses, great losses were suffered by the horses of the horse-drawn transport and the Red cavalry. Contributions that poured in from sister branches of the RSPCA all round the world, from Alberta to Johannesburg, Montreal to South Australia supplied what became a Russian Fund from which dogs are mentioned as benefiting, as well as horses, mules, and camels.

Lieutenant-General Lekarev, Chief of the veterinary services of the Red Army, sent the following cable to the society: 'I have the honour of informing you that veterinary service of the Red Army received medicaments, surgical and other instruments sent to the Soviet Union by the British Society for the Protection of Animals. I beg you to accept my gratitude for the rendered assistance and to transmit this gratitude to the members of your Society.'

So the convoys that struggled through the Murmansk carried not only tanks and guns and shells, but the following supplies sent to the Soviet Army Veterinary Corps. It is interesting to record today while Russia and America discuss disarmament.

1,370 kg. streptocide
1,000 kg. camphor
500 kg. glucose
500 kg. crystal violet
500 kg. suramin (antrypol brand)
500 kg. euflavine

405 kg. trypan blue
400 kg. tannic acid
Veterinary wallets and chests

The only items impossible to supply officially were microscopes.

The wallets each contained a note in Russian script and in English:

> 'In this veterinary surgeon's haversack no notebook is put in this compartment because of the shortage of paper in Great Britain.
>
> The haversack is sent to you with the best wishes of the Royal Society for the Prevention of Cruelty to Animals, London, in the knowledge that your skill in the use of these instruments and drugs will save much suffering to the horses belonging to our gallant Soviet Ally.'

8 Dog Service Since 1945

An infantry patrol dog team working ahead of an army patrol in Malaya. The US Army call this type of dog a scout dog

8 Dog Service Since 1945

World War Two was lately over. Germany had surrendered unconditionally on 7 May, and as the echoes of the guns died over Europe, three months later the first atomic bomb was dropped on Hiroshima on 6 August, opening a new and terrifying dimension into human existence – and dogs'.

The mine dog trained to sit within two feet of a stimulus (facing a mine) was the conspicuous British war dog of World War Two, while the messenger dog was the hero of the Kaiser's War. Twelve mine dogs served in Korea in November 1951 when World War Two was over. (At the same time Commonwealth forces used patrol dogs continuously.) As recently as 1982 the RAVC trained a number to detect mines in the Falklands. In the simulated conditions where two inches of water covered the mines, the dogs were only seventy per cent successful, so they were not sent out.

Guard dogs were still in demand after the war ended to guard valuable installations, and the mistake of disbanding the war dog school made at the close of the Kaiser's War was not repeated. In 1947 the school was incorporated in the Veterinary and Remount Centre at Melton Mowbray on the same site it occupies today. All trainees including officers received much the same instruction as they do now in the basic principles of training dogs, kennel management and the handling of trained dogs. They were donated by the public as a rule, only seldom was a likely recruit purchased for a nominal sum. Shepherd dogs and Labradors were particularly welcome, for the demand for guard dogs was soon overtaken by urgent demands for specialist dogs to serve in Palestine and Cyprus, and, as tracker dogs, Labradors were outstandingly good. They did wonderful work 'undeterred by the tropical forests of Malaya, the equatorial highlands of Kenya and the arid mountains of Cyprus'. (Brigadier Young, *History of the RAVC*). The RAVC opened a quarantine station in England, the Blue Cross one at Blackheath, and the costs of quarantine were scaled down so that any soldier, airman or sailor could afford it. There was no risk of an epidemic as there had been in 1918. Personnel from the school founded schools in Malaya, Kenya and Cyprus, acting as specialist advisers to the armed forces against terrorists.

The first crisis arose in Palestine in 1946. Seeing that dogs could detect mines, they were tested experimentally against buried weapons, with encouraging results. An electronic mine-detector failed the test, but the dogs discovered the weapons with ease at a depth of five feet in ploughed and sandy soil. Ten such dogs were therefore sent out to Palestine in charge of handlers drawn exclusively from the Royal Engineers.

The sarcastic smiles that greeted the arrival of the dogs (the same vintage that had greeted the appearance of dogs in France in 1917) faded abruptly when after a thorough sniff round the settlements, they sat down as if they'd detected a mine on certain spots where quantities of arms and ammunition were found to be buried at considerable depths. How they discovered them they kept secret among themselves. Sappers had gone over two spots where they sat down with mine-detectors, but had had no luck.

Yet there where they'd had no success, sat a Labrador

An arms/explosives search dog team carrying out a search and clear operation in a Roman ampitheatre in Cyprus prior to a military band concert beside a hen-house with a concrete floor. Raised with the aid of a compressor drill and the earth beneath dug out to a depth of four and a half feet, the lid of a seven-foot-deep cache was exposed. Some fifty assorted weapons were found in it, including heavy mortars and machine guns, together with thousands of rounds of ammunition. How the dog detected them at such a great depth was a mystery, but those 'who had come to scoff remained to pray', and could only shake their heads incredulously when another dog 'pointed' at a heap of gravel beside the site of a new building. After the gravel was removed, the dog pointed exactly to the position of a circular steel drum found buried under five feet of earth. It contained a large selection of weapon parts, magazines, mines, explosives and military equipment.

Few dogs better deserve their name than the tracker dog. Its long training which develops its innate gift of following a particular scent not distracted by other scents

A tracker dog team operating in Borneo in the 1960s

that cross it, made it indispensable in running down a terrorist who rashly supposed he was safe; well out of reach of retribution. The stealth of the terrorist was foiled by the speed of the tracker dog.

It might take two years to produce a thoroughly reliable dog, from the earliest days when the first track it follows is purposely crossed by a second one, the points where the original and secondary tracks cross marked for the benefit of the trainer. He therefore can see where the pupil made a mistake, and gives it every opportunity to correct its error by casting back to the original line before he intervenes to put it right. A highly trained specialist, the dog at last has only to be shown the trail to follow, when it is off almost 'swift as an arrow from a Tartar's bow', straining at the eighteen foot long leash that secures it to the handler and allows it plenty of freedom to cast about.

On 7 September 1958 a patrol of the Royal Malay Regiment surprised two terrorists. One was immediately shot, the second fled into the jungle. Tracker dog Scott 11 was loosed on his hot scent and travelling swift and sure over 4,000 yards of jungle rubber and open country, cornered his quarry, who was dragged from concealment. A handler once allowed a dog to cast loose, and it promptly picked up a scent and disappeared into a terrorist camp. In the confusion the dog was shot, fortunately not seriously, and the terrorists escaped.

The safety of a patrol depended upon a handler knowing his dog so well that when its behaviour changed, and it began to wag its tail or increase speed, he knew they approached the end of the track. Tracker dog Lew was wounded, not seriously, when his handler ignored his warning that a terrorist lurked nearby and forced him to go on.

Such glaring stupidity on the part of the handler (why bother with a dog if you didn't take notice of it?) was rare,

A tracker dog having its eighteen-foot pilot line attached to its harness before commencing a tracking operation in Malaya in the 1960s. Tracker dogs were employed with great success in the Malayan and Borneo campaigns although tragic incidents did occur when the unfortunate dog paid the price of its master's carelessness. As always, everything depended upon the sympathy, the rapport, between the partners, whatever the nationality of the handler. A number of Ghurka and Chinese soldiers were trained to handle tracker dogs and patrol dogs during the Malayan and anti-terrorist operations with complete success. Lance Corporal Thor Cheng Kim of the 4th Malay Regiment aided by his dog Rusty showed great determination in tracking down a terrorist band under the most difficult conditions which entailed several river crossings.

Visual trackers, mostly natives (Ibans) joined with tracker dogs to make formidable teams. Ibans could give information about the nature of the track and often could follow an older track than a dog, but of course could not work at night. This was no handicap to a dog. Tracker dog Able detected a track at 2 a.m. leading from a smallholding into the forest made by a party of seven Mau-Mau caught by a security patrol.

The tracker team 1st Loyals found a communist terrorist camp at approximately 9.30 a.m. on 18 August 1958 evacuated about five hours earlier. Ibans examined the site and found the escape route. Tracker dogs Rufus and Rock followed up the track until sunset, through 3,000 yards of jungle in heavy rain. A terrorist resting camp was found and signs that after obscuring the path by which they left their overnight camp, the terrorists felt confident they were safe. They left an obvious trail the Ibans had no difficulty in following on the 19th and after about three hours tracking on the 20th an occupied camp was found and attacked, and four of seven terrorists were killed.

In Cyprus, hide-search dogs, akin to casualty-detection dogs, relied on their sense of smell to expose terrorists hiding in the most skilfully concealed lairs.

Infantry patrol dogs continued to be of the utmost value

King, scout dog of the 26th Quartermaster Dog Platoon leads a patrol along a jungle trail

in the search for terrorists, as they had been fifteen years earlier during the war; for example in North Africa against the Afrika Korps. Here Bob, a cross-bred collie, attached to C company, of the 6th Queens Own Royal West Kent Regiment, was awarded a Dickin medal for twice saving a patrol from death or capture when it penetrated the enemy lines at night.

These dogs were used extensively in the Korean War, notably by the Commonwealth Division. At one time 120 patrols were carried out by 3 patrol dogs without once being surprised by the enemy. Two reports stated:

The patrol dogs accompanied both reconnaissance and

fighting patrols and were quite invaluable. When a patrol approached its object without giving its presence away, the dogs invariably went on to indicate just where the enemy were and quite a number of prisoners were the result. In addition, when moving towards their objective the patrol was able to avoid enemy parties, contact with whom would have upset our plans.

It is the opinion of all N.C.O.s and officers who worked with the dogs, that they are a valuable addition to the Battalion's strength. I myself agree with them and should like to feel that I could take on a number of these dogs in situations where they could be of value.

A patrol was sent out to capture a prisoner and report if a certain wood over a mile in front was held by the enemy. The dog and the handler went five yards ahead of the patrol at a steady pace. Whenever the dog smelt anything it stopped and 'pointed'. The patrol was thus able to go right along the edge of the only main road into the enemy lines with perfect confidence. A lot of time was saved, an easy route could be kept the whole way and there was no danger of running into an ambush or enemy position without warning. Once the dog did stop and 'point' and the patrol hid by the side of the road and a minute later a strong enemy patrol went right past along the road. The dog did not bark or give the patrol away. It had smelt the enemy about 100 yards away. Except for a false alarm, when the dog 'pointed' at some cows in a field, the patrol reached its objective in half the time it would have taken without a dog and with much greater safety.

Originally trained to work on an eighteen foot lead, the dog froze head and body pointing towards human beings it had scented, distant on occasion as great as 500 yards away. The concentration of human scent, humidity and wind direction affected the strength of the point.

It was in Malay that patrol dogs were first worked off the lead. So dense was the jungle, scents at any distance might not be picked up and the dogs were therefore worked on the loose about twenty yards in front of the patrol. Great skill and understanding, were called for from the handlers to decide if a dog pointed at real danger or something that momentarily caught its interest when vision was restricted to little more than the track the dog nosed out.

Patrol dog Mitchell was trained as a silent sentry. On 11 August he was lying beside his handler on the perimeter of a jungle camp when at 8.30 p.m. he rose noiselessly and pointed on a bearing of 27° and then during the next few minutes at 29° and 22.5°. The camp stood to at this timely warning, to await an attack which, when it came at 8.45 p.m., was from the angle expected.

Army dogs have been employed in large numbers in Northern Ireland since the onset of the present IRA campaign. Guard dogs protect vital installations whilst the search dogs have been responsible for finding hundreds of weapons and many thousands of kg. of explosives. Less well known has been the success of search dogs in finding cunningly concealed hides which, although not necessarily containing arms and explosives, have provided the

'3 Ass Doyle' with his handler Corporal Cheung Sing Hung escorting illegal immigrants back into China

An army sweep dog leading a patrol on the Hong Kong/China border to illegal immigrants

security forces with vital information in their fight against terrorism. Tracker dogs have been used extensively and effectively to track down fleeing gunmen.

Rats was a famous little mongrel who appointed himself as a patrol dog. For many years he attached himself to British units serving at Crossmaglen, one of the worst trouble spots in Northern Ireland.

He was shot-at times innumerable, he went on helicopter flights, and was bombed serving successively with the Grenadier Guards, the Marines, the Queens Own Highlanders and the Welsh Guards. He was an IRA hit-target; despite pieces of metal embedded in his back, and shot-gun pellets in his chest and the loss of some inches burnt off his tail by a firebomb, he carried on dauntlessly while his fame grew and he became a national hero who received two sacks of fan mail every day. Such an affectionate little chap suffered most of all perhaps from losing another master when the unit was withdrawn. Finally, in 1980 he was given an honourable retirement on doctor's orders and went to lead a new life in Kent after a most distinguished passing-out parade. His cheerful, never-say-die courage had enormously assisted the troops in that tense atmosphere of stealth and ambush.

Dogs called 'sweep dogs' by the British Army are used in the hills and swamps that form the Sino/Hong Kong border to detect illegal immigrants from China. Sweep dogs are handled by locally recruited Hong Kong Chinese soldiers, they work around the clock in an effort to stem the tide of illegal immigrants seeking the bright lights of Hong Kong. These specially trained dogs detect the presence of cleverly concealed illegal immigrants, some even totally submerged in mangrove swamps breathing through bamboo tubes. All are waiting patiently to make good their escape to the concrete jungles of the Hong Kong townships. Since the introduction of sweep dog teams in 1980 they have detected and detained 15,000 illegal immigrants.

A remarkable instance of war dogs establishing a patrol by themselves is quoted by C.G. Trew from Hutchinson's *Dog Encyclopedia*:

> Chaman, you must know, is one of our principal posts in the North-West frontier ... Two mud forts guard the railway station, one on each side ... each fort is manned by one company of Indian infantry, and one squadron of mounted levies and *by dogs*.
>
> What strikes the newcomer entering either of the forts at any hour of the day is the large, extraordinary-looking creatures sprawling all over the place, fast asleep. In size and shape they somewhat resemble a large Greyhound but such

slight resemblance is dispelled by the tufts with which all are adorned; some having tufted ears, others tufted feet, and others, again, possessing tufted tails.

They are known as Baluchi Hounds, and they get their daily ration from the commissariat babu; he is the only permanent resident of the fort. They will have no truck with strangers, white or black.

When 'Retreat' sounds, the pack awakes, yawns, pulls itself together, and solemnly marches out to take up positions close to the newly-arrived night guard. *They appear to be under no leadership,* yet as the patrols are told off a couple of dogs attach themselves to each patrol, and they remain with their respective patrols until 'reveille' next morning. Between a deep ditch and wall of the fort is a narrow path. Throughout the night, this path is patrolled by successive patrols of dogs. Immediately one couple has completed the circuit of the walls and arrives back at the main gate, another couple starts out.

When it is remembered that these extraordinary hounds have never had any training whatsoever, that their duties are absolutely self-imposed – for no human being has the slightest control over them – the perfection of their organisation and the smoothness with which they carry out their tasks make mere man gasp!

9 Modern Dogs of War

Search dog handler testing his hoisting and lowering harness
from a Wessex helicopter

9 Modern Dogs of War

Some years ago Brigadier George Young MBE, former Director of the RAVC, observed, 'It is not unreasonable to say that the War Dog is probably more firmly established as a part of the armed forces than ever before. Despite the breathtaking advances in modern armaments there will always be scope for the talents of trained dogs, no matter where the Army is called upon to operate. Nothing that man has invented, or is likely to invent in the foreseeable future, can replace those qualities which have made the dog such an outstanding member of the animal kingdom and the devoted servant of man.' He spoke more truly than perhaps he realized.

An article in the *Spanish Army Review* 1985 opened as follows: 'The amazing mixture of intelligence, fidelity, courage, loyalty, aggressiveness, resistance and obedience, served by its sight, hearing and especially its sense of smell, together with the psychological impact that its presence produces in the human, all combine to give use to our dogs in a manner that no other human device can improve.'

Few countries of any size today lack a body of dogs trained to assist the army, the police, the customs, or rescue squads.

The present Director of the RAVC, Brigadier Geoffrey Durrant MBE has written: 'The demand for dogs seems to increase each year and we are certainly always busy and expect to remain so for the foreseeable future.'

Nor is interest recent, or confined to the West. The

Japanese put up a memorial near Tokyo in the shape of an Alsatian dog carrying a despatch box on each side, to their messenger dogs killed in Manchuria in 1932.

Two famous English dog schools, whose dogs are in demand all over the world, are situated in the Midlands, not so far distant from each other as the crow flies. Each should have a portrait of Colonel Richardson in a conspicuous position, as the outstanding English pioneer in training dogs of war. The RAF Police Dog School, with an associated unit where dogs are taught to sniff out drugs, is at Newton, Nottinghamshire, while the Army Dog Training School is an integral part of the RAVC centre, Melton Mowbray. It would not be easy to distinguish between them from the air were it not that the airfield has a hangar, for both stations comprise kennels or stables and administrative buildings widely scattered over breezy uplands of a rolling limestone country famous to huntsmen.

Two tails are better than one, as an army dog searches among mail bags for illegal drugs

A scratch pack of dogs are trained to assist the customs by sniffing out drugs. The retriever, or any dog with a retriever strain, is welcome, for it is in the retriever nature to recover objects. Moreover, it has a good, tender mouth and will not injure a carton of cannabis or anything else it carries in its jaws.

By contrast, the dogs favoured for police work are almost exclusively German Shepherd dogs, not bitches, donated by the public and for choice about eighteen months old.

About 300 dogs are accepted each year, and new recruits to the RAF who choose to become dog handlers are given one of the canine conscripts as their future companion. It is their sole charge and responsibility which continues after they leave the school. Many life-long friendships are born on the grassy slopes as young dog and young handler train together.

Some dogs do not complete their police training. They are those found to be natural athletes who join the team that give remarkable displays at military tattoos. The hangar has been taken over for their rehearsals and most exciting they proved, reflecting the greatest credit on all concerned. Heart-warming was the working partnership displayed by dog and handler, only at sheep-dog trials is anything witnessed approaching the sheer happiness of the dogs.

During the first fortnight, the dog is taught basic discipline and instant obedience to five words: heel, sit, down, come and stay. At three weeks old it is given its first bite in earnest of its future duties. Most of its teeth are deciduous then, so possibly the bite is less destructive than three months later, when it has a full mouth of forty-two permanent teeth. Young dogs are carefully watched for their reaction to sudden danger from an upper room with a picture window. The handler was seen walking his dog when attacked by an intruder wearing a

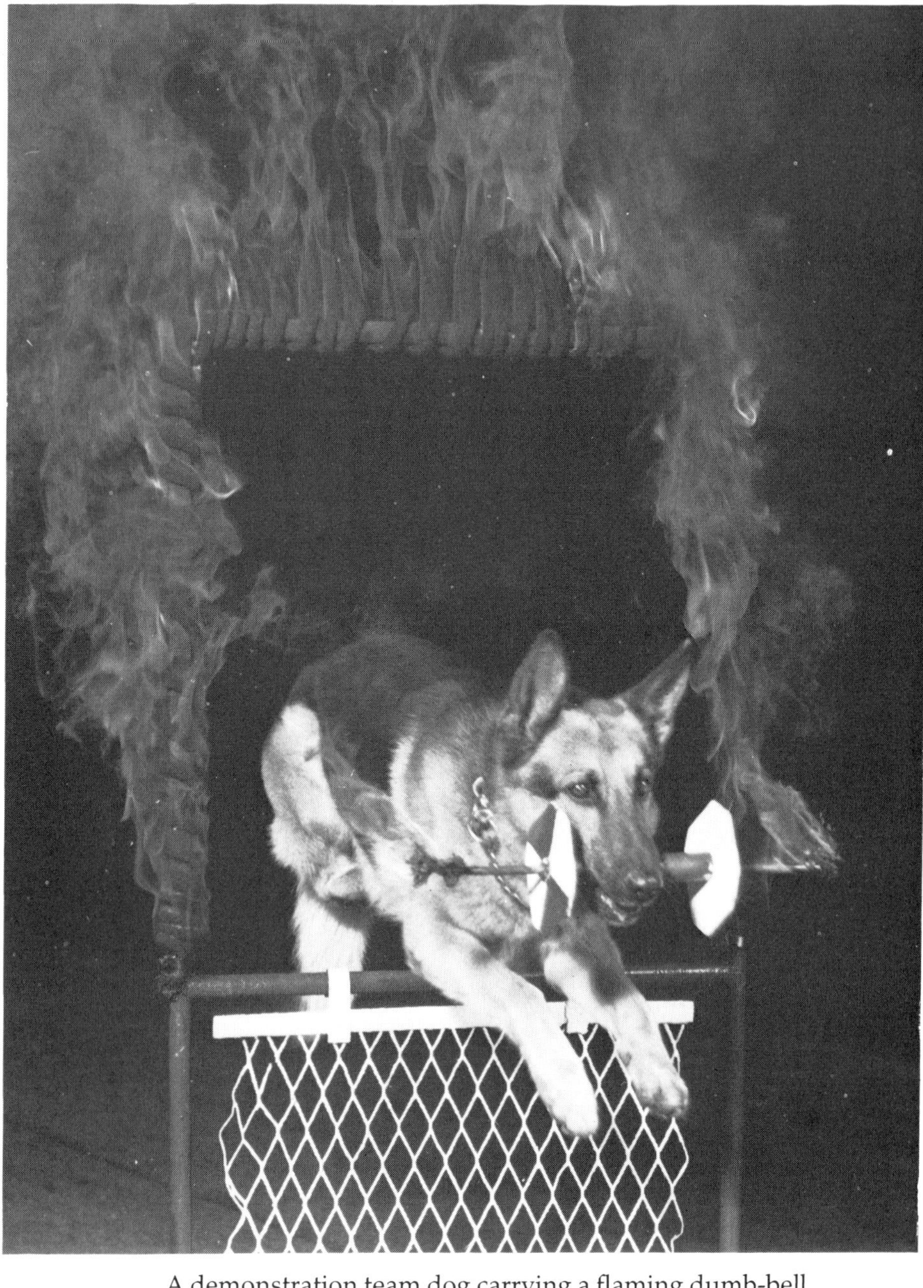

A demonstration team dog carrying a flaming dumb-bell
through a burning hurdle

padded cloak and flourishing a club. The dog sounded a furious warning and the intruder ran away in fright only to be pulled down by the dog when the handler slipped its leash. Early on the dog is taught to go for the right arm, since the right arm usually carries a weapon. Its teeth may slip on synthetic fabrics, so the padded intruder's cloak is made at the school from woollen cloth padded with felt. A long-haired dog that had been castrated attacked with no less zest than other dogs.

Training is finished within three to four months, and after their 'passing out' dogs and handlers are posted to airfields in the UK, or abroad. Some may be requested by other countries, notably the Far East.

There are approximately 1,400 army dogs in service worldwide. These dogs are all trained at the Army Dog Training School which is part of the RAVC Centre, Melton Mowbray. Each year 700 dogs are recruited by the army, however, only half this number are entered for military training following a very strict selection and induction process. The first three weeks of the canine recruits' service is spent in kennels segregated from the main training kennels. During this period the recruits undergo a complete health screening and vaccination programme; their temperament and training potential is constantly monitored and assessed. Those dogs that fail to reach the required standard are returned to their previous owners all the better for the experience. Training in earnest then begins for those dogs that have successfully passed all their tests and assessments.

The army trains its dogs and handlers differently from the RAF. The dogs are trained by dedicated army dog trainers whilst the handlers are trained with mature trained dogs – old soldiers who know the ropes. The army believes that this is the only way of meeting the requirement of 300 trained dogs and 500 handlers each year. Army dogs are trained in the undulating countryside of the RAVC Centre Melton estate, sharing the fields with grazing army horses. The presence of grazing animals is an essential element of the training of the dogs as they must not be distracted by other domesticated or wild animals when on duty. The German Shepherd dog is the army's choice of breed for most types of duty. Normally it takes two months to train guard dogs and twice as long to train the various types of specialist dogs which are employed.

A muzzled guard dog attacks an unprotected dog handler simulating an intruder

Army dogs are handled by service personnel who can be drawn from any regiment or corps, Ministry of Defence Police and civilian watchmen employed by the Ministry of Defence. Trained dogs are sent from Melton to reinforce army dog units overseas. They accept with ease their new environment and handlers. In addition to the 200 dogs normally held at the RAVC centre there are, on average, 150 horses in stables or at grass. Roughly 70 of these horses are newly purchased untrained horses, (known as remounts) and are being made ready for issue to mounted ceremonial units of the British Army. The RAVC centre with its schools for dog training, equitation and farriery, together with its well-equipped modern veterinary hospital, is classified as the army's centre of excellence for military animal training and support.

Across the Channel the dogs of the French Army are again mostly German Shepherds for choice, although not exclusively so. There is a delightful photograph in the Bulletin No. 15 (a French Army magazine) of what at first impression looks like a black hearthrug seizing the leg of its young handler with mock ferocity; a woolly black Gallic version of a bob-tailed sheepdog in actual fact.

The head of an Alsatian, *un berger Allemand* (German Shepherd dog) is, however, portrayed against a tricolour ribbon on the cover of a recent edition, no. 15, of a French Army journal *Le Cynophile* (literally 'the Dog Lover') devoted exclusively to dog training affairs – *Bulletin de Liaison de la Cynotechnique* (dog expertise) *dans l'Armée de Terre*. The military divisions into which France is divided for administrative purposes are shown on a map, and the navy also has a special dog section. In every case German Shepherd dogs are prime favourites.

Discussing the use of military dogs by other nations, it is mentioned that the dogs the Russian Army used were of the Caucasian breed. Turkey used Asian shepherd dogs,

Austria Dalmatians, while in Germany, Pomeranian wolf-hounds were popular. Known for great fidelity, they were characterized by long pointed muzzles, upright ears, tufted tails and long silky coats.

The dressage (the training) of the French dogs aims at the same object as the British system, to maintain the personality of the dog whilst educating it. The commands are also similar. They always use the regulation command, 'Cherchez,' in a calm encouraging tone. It may be followed by encouragement, 'Oui, c'est bien,' when the dog is fairly on the trail. The handler is told that the intonation of his voice must be different for setting off, for encouragement or for reproof in the course of tracking or discovery. A special note warns him not to reprove a tracker sharply and without obvious reason; no matter what the character of the animal. Otherwise it will be difficult, if not impossible, to set it back on the trail. It is strongly emphasized that rigidity and brutality have no place in the training of a tracker dog. Full veterinary cover is given. Bulletin 15 records: *Adieux des Armes du Veterinaire Biologiste General Poulet* about to retire on 1 January 1987, 'after a brilliant career of 37 years'.

An ominous paragraph outlines procedures for control of 'la rage' (rabies). Recently the National Canine Defence League has pointed out that in Britain, with the Channel tunnel development and the increasing number of marinas, it cannot be long before rabies is no longer a threat but a probability.

Contact with other countries is kept open by holding international canine biathlons. The sixth, held at Sennelager on 17 October 1986, was attended by teams from Australia, the Belgian Army and civil police, British contingents from Berlin and Hong Kong, the German Army and civil police the RAF, Armée de l'air Danoise, the US Air Force, the US Army and American civil police, with a party from Trinidad. Judging by photographs, it was a gruelling business, handlers and dogs plunging through streams and scaling a variety of obstacles.

A special corps of dogs trained to operate among mountains maintains the tradition of 1918, when the French had over 8,000 sledge dogs working in the Vosges area alone.

What must be still the outstanding feat, however, was achieved on the Italian Front during World War One where sledge dogs imported from the North brought provisions and munitions to men in the High Alps. It is on record that after one very heavy snowfall 150 dogs moved, in the space of four days, over fifty tons of supplies from the valley to the front line high in the mountains.

Large numbers of dogs are deployed by the Warsaw Pact countries, and guard the Berlin Wall. With better public spirit, the Swiss Army commendably trains numbers of dogs for detecting survivors after earthquakes or avalanches.

As would be expected when they were pioneers in training dogs for military purposes, the German Army possesses at least 3,000 dogs, trained at Koblenz. The commandant of the school is a colonel in the Bundeswehr Veterinary Service.

Veterinary Lt. Colonel Jesus Carcar Gabarron, author of the article in the *Spanish Army Review* just quoted, records that the Bundeschule der Bundeswehr was founded in Koblenz, Federal Republic of Germany, on 18 June 1938. In the last twenty years this school, directed by veterinarians has trained 5,400 men as trainers and 3,800 dogs. He adds that Portugal, Tunisia and Turkey created their own training centres with the collaboration of this German school.

He is at pains to report the creation of a centre of breeding and training army dogs established in the quarters 'General Arteaga' (Madrid) in May 1983: 'It is part

RAF police dog operating in his primary role

of the grouping of veterinary troops of the Reserve.'

The dog as a protagonist reaches a peak of usefulness when terrorism and drug traffic make it necessary to use all available means to combat these plagues.

Earlier, the National School of Police Dogs of Canillas Madrid was created in 1945 – the dog school of the Guardia Civil started working in 1951 in El Prado (Madrid). The dogs school of the air army situated in the air base of Tablada (Seville) was founded in 1980. Finally, the training centre of the 1st Military Region in Espadilla, from the 'Maestranza and Parque de Artillieria de Sevilla' was inaugurated on 1 October 1983.

> The existence and permanence of these schools, some of them established for thirty or forty years, show the help they provide to the armed institutes that support them. This breeding centre established in May 1983 will undoubtedly provide great service to our Forces. In spite of its short life of two years its uses are already becoming visible.
>
> *Spanish Army Review*

In record time, the Colonel continues, the centre has an equipment of specialized army men and installations which constitute a promising start: 'About 100 German Shepherd dogs, counting breeders, pups and trained or trainee animals were all bred starting from 3 animals donated, 8 dogs bought by the state, and 8 dogs acquired for the first training course. All the animals are bred in our country, with the obvious economy of avoiding the purchase of breeders as in other schools in our country.'

The reason for choosing the German breed was the poor performance of animals of other origins; rather a surprising statement. One imagines that Spain, an extensive country of soaring mountains and dusty plains, would have bred some fine native dogs, sheepdogs in particular.

The first step was organization of existing personnel with the valuable aid of the civil police. Courses were taught in defence and against air attack, and at the end of a three-month course each sub-officer or first corporal is incorporated into his unit with a specialized dog which was born in the military veterinary corps and instructed by him; forming a team ready for action. The army veterinary corps trained a team to detect drugs, and a unit to detect explosives has also been formed. The Colonel concludes that the school has great potential but, if it grows, the breeding centre should be separated from the training centre to avoid cross-infection and parasitosis.

Also, the training centre should be isolated from other units so that the training of the animals is not disturbed. Future installations should have an exit into the country in an area of exclusive military use to avoid risk of incidents with civilians.

German Shepherd sentry dogs were extensively used by US forces during the Vietnam War. The US Air Force currently trains military working dogs for the air force, army and navy at the Military Working Dog Training Centre, Lackland AFB, Texas. German Shepherds are most commonly used as patrol dogs for security work. Some of these dogs, as well as other breeds, are trained for detection of narcotics and explosives. The US Army Veterinary Corps is now the agency responsible for providing animal medical services for all branches of the US armed forces. An officer of field rank is in charge of the army veterinary detachment in the UK. At the time of writing the US forces deploy about 2,000 dogs worldwide.

By 1971 the American and Australian Armies were deeply involved in basic researches on the canine psychology and genetics underlying systems of training. For example, a memory image generated in a dog's mind can be imprinted as a result of experience generally gained as an infant. Insight is the ability to reach a goal by drawing on images formed by past experience. It is taken advantage of in so-called 'imitation training', where pups are encouraged to work with trained dogs and share their rewards. For example, in mine detection the trained dog sits within two feet of the stimulus and facing it. The pups adopt the search behaviour of the trained dogs and, on hearing the verbal positive reinforcer, run to the side of the trained dog, look for the stimulus and then adopt the sit position. Pups have done this as young as seven weeks, showing that the memory image can be formed very early in life.

Afterword

Drawings of early associations between man and dog from Turberville's *The Book of Falconrie and Hunting* (1611)

Afterword

From the days when the Egyptians worshipped their packs of war dogs, to the sophistry of modern dog training for multifarious purposes in wartime, the dog has been both a loyal friend and supporter and an invaluable technical aid to man's war efforts.

In Britain official recognition of the usefulness of dog training was way behind that of many other countries notably Germany. The fact that the Army Dog Training School was established during World War One at all was entirely due to the relentless efforts of Colonel Richardson, the British pioneer of war dog training.

Colonel Richardson was still alive to see Germany surrender a second time. He had celebrated his golden wedding on 30 May, 1944, but nothing suggests his vast experience in training a variety of dogs for a variety of purposes was ever called upon officially after he had witnessed the first collapse. Curiously enough, he was not a member of the Kennel Club, so the secretary has kindly informed me, although he states on the title page of one edition of *War, Police and Watch Dogs* (1910) that he was 'late of the 45th Regiment (Sherwood Foresters) and Fellow of the Zoological Society'. His obituary states that three years later he was with the York Militia but does not explain how he came to put RE after his name on the title pages of his books. A letter which he wrote to *The Times* in May, 1915, on the subject of the French Army reserves led to a prosecution which failed – both against the writer and the paper. One edition of *Forty Years With Dogs* (1929) has

A collection of dog handlers assembling prior to a passing out parade at the Army Dog Training School. Soldiers from all regiments of the British Army – including the Women's Royal Army Corps, – are trained as dog handlers at the RAVC Centre, Melton Mowbray

a photograph of Colonel and Mrs Richardson as a frontispiece. His portrait replaces it in other editions. The ribbon on his tunic perhaps that of the British War Medal 1914-18; details of the award are recorded on a card found by Brigadier Young.

Born at Old Forge House, County Antrim, on 25 August, 1863, he died on 6 August, 1948, at his home Grasslands, Woking, aged nearly eighty-five.

Today approximately 1,600 dogs are employed by the services worldwide. The large majority of these are used as guard dogs. As security systems go, dog-power is cheap to run and effective. One of the strengths of dog protection is the unpredictability – unlike mechanized burglar alarms. In addition, dogs are mobile – they can both detect and apprehend the enemy. At a time when the requirement for security is so high, and the manpower resources available are so sparse, protection dogs have never been more relevant to military security.

Dogs provide a compact, mobile, flexible aid of proven capability whether they be searching for arms, explosives, forensic evidence, drugs, illegal immigrants or tracking for terrorists. In spite of constant introduction of increasingly sophisticated equipment on to the market, there is still a high demand for dogs in military and police work of most kinds.

The veterinary profession pioneered the scientific study of animal behaviour. Dr Valerie O'Farrell, a practising psychologist, has lately been appointed to the Small Animal Practice Teaching Unit at the Royal (Dick) Veterinary School at Edinburgh, and a manual on canine behaviour published for the guidance of practising veterinary surgeons. It is a new appointment; the first of its kind.

A hundred years ago, however, the Association for the Study of Comparative Psychology was founded in December 1885, believed to be the earliest of its kind in America.

Professor Wesley Mills, MD, DVS, Professor of Physiology at M'Gill University, Montreal, had suggested to students at the School of Comparative (Veterinary) Medicine that, 'a knowledge of the mental constitution of animals must prove invaluable to the veterinary surgeon in the diagnosis and treatment of the diseases of his speechless patients.' (Or, it can be added, to those who train dogs for war, or any for other purposes.) The proposal met with instant approval and the Association was founded. At first it comprised largely students and staff of the School of Comparative (Veterinary) Medicine with the enthusiastic encouragement of Principal M'Eachran, who set a room aside for meetings, but membership was open to all eligible persons.

In 1898 the Professor published *The Nature and Development of Animal Intelligence*. Preceding the manual on canine behaviour now available, it may be read with profit today, anticipating as it does much modern research.

Professor Herr, his colleagues and pupils of the University of Kiel have studied the behaviour of the wolf, and successfully crossed female wolves with poodles, obtaining litters of puwos (German Pudel-wolf). Wild animals learnt to dread man's brutal aggressiveness not long after his appearance on earth, and suspicion remains deep-rooted in their minds.

Erik Zimen, one of Professor Herr's pupils, remarks that wolf cubs appear to be governed by two opposite trends: flight from human beings and a simultaneous approach to a larger creature dispenser of food and warmth. Puwos, however, were friendly, and showed no disposition to flight, unless brought up remote from human beings.

The Soviet geneticist Iljyn, who proved the descent of the dog from the wolf by hybridizing experiments at the Moscow zoo, showed how certain characterizations are inherited on Mendelian lines, and flight is a dominant hereditary trait secured to many genes.

An instinctive move towards larger animals dispensers of food and warmth, or just friendliness, was shown by the refusal of dogs on a Polar expedition to sleep in a spacious specially built dog house, preferring to sleep curled up in the snow within sight and sound of the men. When the tents were moved to within a few yards of the dog house, the dogs were content to remain in the shelter provided for them. A suspicious dog will keep away from strangers and avoid their touch or caress, it does not like to be in a crowd, where it keeps close to its master or hides behind him.

Captain Laikoff, discussing the qualities that make a good dog for the blind, points out that a suspicious dog is not abnormal, just the opposite: by its temperament it resembles the dog as it was prior to domestication. Suspicion is a normal trait; nervousness an illness, unreasoning, uncontrolled unhealthy fear.

He mentions sound fear. Some dogs adapt themselves to it, but it can grow prodigiously. He gives an example of a guide dog frightened by the explosion of a flying bomb whose sound fear gradually grew until it was afraid of almost every sound, however small. Physically it did not suffer, but it connected first one sound, then another, with the original terrifying noise, and became subject to a nervous illness which can be called 'progressive sound fear'. How many of the messenger dogs of World War One shot as useless were suffering from progressive sound fear? They had learnt to tolerate explosion of grenades at meal times, but up in the front line were terrified by the shattering explosions of land mines and 'whizz bangs', triggering off a chain reaction of 'sound fear' until they were nervous wrecks.

Out of the friendliness of puwos and other crosses has grown deathless devotion to man the super dog leader of the pack:

> While excavating the ruins of ancient Pompeii, the picks of the diggers revealed the body of a little boy. Close by was the fossilized body of a huge dog, limbs contorted in its last agony. On its bronze collar was the still legible inscription: 'This dog has saved his little master three times – once from fire, once from drowning, once from thieves.'
>
> Those who have read the history of the overwhelming of Pompeii by the eruption of Vesuvius will remember that although some thousands of people perished, very few

domestic animals fell victims. This was, no doubt, due to inherent instinct which enabled the animals to escape at the first signs of the coming disaster.

Yet among them, one elected to stay in that hopeless endeavour, for the fourth time, to save the life of his beloved master, and failing in the attempt, to die with him. It was a fitting tribute to the great nobility of the dog that Nature, who had been so cruel, should have relented by allowing her two pathetic victims to lie in silent companionship for nearly 2,000 years before being discovered and having their epic story placed on record for all time.

Lt. Colonel C.E.W. Beddoes OBE

Inevitably this story recalls the dog guarding the hunters camp at Starr Carr through all eternity.

That moment had my swift revolver leapt –
But terror seized me, terror born of shame
Brought flooding revelation, for he came
As one who offers comradeship deserved
An open ally of the human race
And sniffing at my prostrate form unnerved
He licked my face!

The Turkish Trench Dog, Geoffrey Dearmer

Appendix

Record of Soldiers' Dogs on Stones in the Cemetery at Edinburgh Castle as far as can be ascertained (counting from left on entering gate)

No. 1 ' ... 78
In Memory of ... Y'

No. 2 'In Memory of Dobbler who followed the 1st A. & S. Highlanders for 9 years in South Africa, Ceylon, China and Scotland. Died 19th February, 1893.'

No. 3 'In Memory of Flora, Canteen Pet Royal Scots, died 7th February 1885.'

No. 4 'In Memory of Little Tim for 10 years with the 1st Batt. Seaforth Highlanders, died 4th June, 1892 and buried in Guernsey.'

No. 5 'Yum Yum, The Royal Scots, born Edinburgh 1884, died Rochester 20th September, 1889.
This stone is erected in loving memory of their truest friend by his Master and Mistress, Capt. and Mrs. Egan.'

No. 6 'Don, 5 years pet dog of the Sergts. 1st Batt. Seaforth Highlanders, died 9th August, 1886.'

No. 7 'Gyp, Crown Room Dog, died January XI, 1911.'

No. 8 In Memory of Jess, Band pet 42nd Royal Highlanders, The Black Watch. 15.6.81.'

No. 9 'In Memory of Pat who followed the 72nd Hi ...s in P ... for 10 years, died ... '

No. 10 'Let ... '

No. 11 'General Sir Wm. Peyton's Tinker, died 1935.'

No. 12 'Flora, band pet 79th Q.O.C. Highlanders, 1.10.76.'

No. 13 'In Memory of Charlie, E. Coy. Pet dog 79th, died 3.7.88.'
No. 14 'Maruf, 2nd Batt. Royal Scots, 17th Jan., 1886.'
No. 15 'In Memory of Lou, B. Coy. pet died 5th May, 1885. 2nd Batt. Royal Scots.'
No. 16 'Topsy, Drs. pet 1st Royal Scots.'
No. 17 'In Memory of Chips, Pioneers' pet 1st R. Scots 1897.'
No. 18 Blank. No inscription.
No. 19 'Billy, the pet of a Gordon Highlander, died 29th October, 1906.'
No. 20 Blank. No inscription.
No. 21 'Brig. & Mrs. Cunningham. Tippy Top, age 16. July 17th, 1940.'
No. 22 'Ranger loving friend of Col. & Mrs. Duff 1898-1907.'
No. 23 'Scamp, Faithful Chum of Jack Wilson Paterson, June, 1947.'
No. 24 'Ram, Worcestershire Regt. and United Services Museum 1st Sept. 1945-10th July, 1953.'
No. 25 'Amber – Lt. Col. Neville Blair, The Black Watch, 18th November, 1953.'
No. 26 'Mooie – Captain France, 1955.'
No. 27 'Major, R.A.F. Police Patrol Dog, 2nd World War, 14th December, 1941 – 6th March, 1956.'

Dogs that Serve by L.G. Cashmore, George Ronald, London, 1960

Bibliography

Adams, W., *War Dogs School* ('Our Dog' Publishing, 1986)

Bourne, Dorothea Hill, *They Also Serve* (Winchester Publications, 1947)

Cashmore, L.G., *A Tribute to the Dogs that Serve* (George Ronald, 1960)

Clabby, John, *History of the R.A.V.C. 1919-61* (J. Allen, 1963)

Cox, Harding, *Dogs and I* (Hutchinson, 1923)

Edwards, T.J., *Mascots and Pets of the Services* (Gale & Polden, 1953)

Fairholme, E.G. and Pain, W., *A Century of Work for Animals – A History of the R.S.P.C.A.* (John Murray, 1924)

Fitzgerald, Brian Vesey, *The Book of the Dog* (Nicholson & Watson, 1948)

Hitler, Adolf, *Table Talk* arranged by G. Trevor Roper (Weidenfeld & Nicolson, 1948)

Hobday, Sir Frederick, *Fifty Years a Veterinary Surgeon* (Hutchinson)

Howell, Hack, *Good Dog: The Basic Training book for all Breeds* (Farming Press, 1973)

Hulse, G.L., *New Techniques in Canine Treatment and Development* (Wentworth Books, Sydney, 1973)

Klepper, P.H., and Harmler, J.P., *An Introduction to Animal Behaviour* (Prentice Hall International)

Lubow, R.E., *The War Animals* (Doubleday & Co., New York, 1977)

Mills, Wesley, *The Nature and Development of Animal Intelligence* (Fisher Unwin, 1898)

Ministry of Agriculture Reports on Rabies 1918-23

Moss, A.W. Kirby Elizabeth, *Animals Were There* (Hutchinson, 1947)
Most, Konrad, *Training Dogs*, a manual translated from the German (Popular Dogs, 1954)
O'Farrell, Valerie, *Manual of Canine Behaviour* (British Small Animal Veterinary Association)
Richardson, E.H., *War, Police and Watch Dogs* (Blackwood, 1910)
British Watch Dogs (Hutchinson, 1923)
Forty Years With Dogs (Hutchinson, 1922)
Scott, Tom, *Obedience and Security Training for Dogs* (Popular Dogs, 1967)
Trew, Cecil, *Story of the Dog* (Methuen, 1940)
White, J.M., *Everyday Life in Ancient Egypt* (Putnams, New York, 1963)
Youatt, William, *The Dog* (1845)
Zimen, Erik, *The Wolf* (Souvenir Press, 1981)

Index

Page numbers in bold type refer to illustrations.